Expérience spirituelle
et psychologie

JEAN-FRANÇOIS CATALAN

Expérience spirituelle et psychologie

COLLECTION CHRISTUS N° 77
Essais

DESCLÉE DE BROUWER
BELLARMIN

© Desclée de Brouwer, 1991
76 *bis*, rue des Saints-Pères, 75007 Paris
ISBN 2-220-03231-0
ISSN 0985-6455

*Ordonner sa vie sans se décider
en raison de quelque affection
qui serait désordonnée.*

Ignace de Loyola,
Exercices spirituels

Introduction

« Le vent souffle où il veut ! Tu ne sais ni d'où il vient, ni où il va ! Ainsi en est-il de quiconque est né de l'Esprit » (Jn 3,8). A cette déclaration faite par Jésus à un docteur en Israël répondent, comme en écho, les fières paroles de saint Paul :

Nous enseignons une sagesse de Dieu, mystérieuse et cachée... Ce qui est de Dieu, nul ne le connaît, sinon l'Esprit de Dieu ! Pour nous, nous n'avons pas reçu l'esprit du monde, mais l'Esprit qui vient de Dieu, afin que nous connaissions les dons de la grâce de Dieu. Et nous n'en parlons pas dans le langage qu'enseigne la sagesse humaine, mais dans celui qu'enseigne l'Esprit... L'homme « psychique » (laissé à sa seule nature) n'accepte pas ce qui vient de l'Esprit de Dieu, c'est folie pour lui, il ne peut le comprendre, car c'est spirituellement qu'on en juge. L'homme spirituel, au contraire, juge de tout et n'est jugé par personne (1 Co 2,7-15).

Nous voilà prévenus : que viendrait faire une « sagesse humaine », quand il s'agit de réalités spirituelles, surnaturelles ? « Mes chemins ne sont pas vos chemins », dit le Seigneur (Is. 55, 8) !

Les prétentions d'une science moderne oseraient-elles contester orgueilleusement le droit qu'a l'Esprit de Dieu d'agir comme il lui plaît ? Que deviennent la grâce et la « glorieuse liberté des enfants de Dieu » (Rm, 8, 21), si tout est réduit à un jeu de mécanismes psychologiques, à l'action souterraine de complexes inconscients, à d'illusoires projections d'un psychisme infantile ou perturbé ?

Et cependant... Toute l'histoire de la spiritualité en témoigne : les grands auteurs spirituels, depuis les Pères du désert jusqu'aux plus modernes, n'ont-ils pas fait, chacun à sa manière, de la psychologie... comme M. Jourdain faisait de la prose ? N'avaient-ils pas (leurs conseils en font foi) une étonnante connaissance de l'âme humaine, de l'esprit humain, du cœur humain ?

Ici pourtant d'autres objections se présentent : les formes modernes de la psychologie, d'une psychologie qui se voudrait scientifique, ne sont-elles pas plus dangereuses, voire ruineuses, pour la vie spirituelle ? N'introduisent-elles pas le soupçon dans les attitudes les plus religieuses ? Ne mettent-elles pas en question la foi elle-même ?

C'est précisément ce que nous aurons à examiner. S'appuyant sur des travaux récents et sérieux, notre étude tentera de démêler l'écheveau, de fixer de façon claire les termes du problème, de soumettre au questionnement du psychologue quelques aspects majeurs de la vie spirituelle. L'expérience montrera, espérons-le, que, loin d'aboutir à une destruction de la vie spirituelle, l'intervention du psychologue ne peut qu'aider à une clarification des attitudes. L'existence croyante s'en trouvera, pensons-nous, éclairée : « Qui fait la vérité vient à la lumière » (Jn 3,21). Faire la vérité, même sur le plan humain, n'est pas sans incidence sur l'authenticité de comportements qui se disent et se veulent spirituels.

Quelles seront donc les étapes de notre parcours ?

Un premier chapitre posera la question de fond : que vient faire le psychologue dans le domaine de la vie spirituelle ? Quelle place est la sienne ? Quel rôle peut-il jouer ? A quelles conditions son intervention est-elle recevable ? etc.

Quelques thèmes importants seront abordés dans les chapitres suivants.

Nous partirons d'une question : qu'appelle-t-on au juste « expérience spirituelle » ? De quel type d'expérience parle-t-on ? Expérience religieuse, expérience de Dieu, expérience chrétienne : tous ces termes sont-ils équivalents ? A quelle réalité nous renvoient-ils ?

La prière nous fait-elle, comme on l'affirme, rencontrer Dieu ? Ce Dieu, qu'on prétend rencontrer, n'est-il pas une illusion ? Comment affirmer qu'Il est vraiment une réalité ? Quelle place tient, dans nos prières, le désir humain ? Comment discerner ?

Devant le Dieu saint, l'homme commence par se reconnaître coupable et pécheur. Que vaut cette réaction ? Sentiment plus ou moins morbide de culpabilité ou authentique sens du péché ?

« Je suis venu pour les malades et les pécheurs », a dit Jésus. Il est venu « guérir » l'humanité blessée : mais de quelle guérison s'agit-il ? Que signifie, de nos jours, ce mot de guérison ? Guérison du péché ? de l'affectivité ? guérison physique ? Autant de questions. Il faudra tenter d'y répondre.

L'appel à la perfection ne saurait être éludé dans une vie qui se veut chrétienne ! Mais que recouvre, en fait, une recherche de perfection ? Ne peut-il s'y glisser quelque ambiguïté ? Un certain pharisaïsme ne peut-il ici s'introduire ? « Se vouloir parfait », est-ce là l'idéal ? Quel idéal ?

Et faudrait-il, pour être chrétien, renoncer à tout, à tout plaisir, à toute satisfaction, à toute vie ? Quelle valeur faut-il donc attribuer au renoncement dont parle l'Evangile? à la mortification, à l'ascèse, si souvent prônées par les auteurs spirituels? Renoncer à vivre... ou pour vivre?

De façon plus générale, quel lien peut-on établir entre un sain équilibre humain et ce qu'on nomme maturité spirituelle? Les deux vont-ils de pair?

Enfin quelles sont les conditions psychologiques d'un accompagnement spirituel... vraiment spirituel? Comment dépister et gérer des réactions affectives non contrôlées, dans lesquelles se manifeste parfois ce que les analystes nomment le transfert?

Bien d'autres questions pourraient évidemment être posées : même dans le cadre que nous nous sommes fixés, nous ouvrirons seulement quelques pistes de réflexion. Souhaitons qu'elles apportent, en ce domaine si important de la vie spirituelle, quelque clarté.

Puis, avec prudence et lucidité, il ne restera plus qu'à vivre et à se laisser emporter au souffle de l'Esprit!

N.B. — Nous donnerons, en fin de volume, quelques brèves indications bibliographiques. Le lecteur averti verra tout ce que nous devons aux travaux d'André Godin et d'Antoine Vergote, dont les précieuses analyses ont guidé nos réflexions.

1. Le psychologue
et la vie spirituelle
Pourquoi le psychologue ?

Il y a, on le sait, psychologie et psychologie ! Le psycho-technicien avec sa batterie de tests, le psychanalyste et son divan, l'homme de laboratoire et ses souris blanches, le neurophysiologiste passionné par les multiples rouages de notre cerveau... n'ont certes pas la même vision des choses. Où est, en tout cela, la vie spirituelle ? Qu'a-t-elle à faire avec un jeu plus ou moins complexe de réflexes nerveux ou de réactions inconscientes ? Toute théorie psychologique (ou biologique) qui prétendrait, d'une façon ou de l'autre, éliminer du sujet humain la dimension d'intériorité, ne saurait s'intéresser à une quelconque vie spirituelle, sinon d'une façon tout extérieure qui en laisserait échapper l'essentiel. Si perfectionné soit-il, un ordinateur, même s'il est capable de gagner une partie d'échecs, n'éprouvera jamais de sentiments et ne se posera jamais de questions sur le sens final de son existence. La tactique et la stratégie lui suffisent.

Tout autre est la position de celui qu'on nomme, au risque d'une certaine équivoque, le psychologue clinicien. Parler de « psychologie clinique », ce n'est pas, comme on le croit communément, se référer à la psychopathologie. Il ne s'agit pas nécessairement d'une psychologie pour malades mentaux, ni même pour « grands nerveux » ! Sans nier que l'étude de certains cas pathologiques puisse jeter quelque lumière sur les réactions du psychisme normal (ou considéré comme tel !), nous parlons d'attitude clinique quand l'attention se porte sur l'être humain tel qu'il se présente, malade ou bien portant, avec tout ce qu'il est, tout ce qu'il vit, tout ce qu'il ressent, un être humain considéré dans son histoire personnelle, singulière, unique, liée à un certain passé, à des influences subies, à des événements vécus, etc. La part des mécanismes corporels et des structures psychiques (plus ou moins inconscientes) n'est pas niée pour autant, mais elle est constamment référée au devenir d'un sujet humain, au *sens* que prend pour lui sa destinée.

Position du psychologue

Encore faut-il, même dans le cas de cette psychologie que nous appelons « clinique », que les interprétations ou les explications données de la vie spirituelle ne soient pas exagérément réductrices. On aurait tôt fait de tout ramener à des désirs humains, parfois bien trop humains, à des dynamismes naturels, à des expériences ou des pseudo-expériences dans lesquelles on ne reconnaît plus aucune orientation vers un Au-delà, vers une Réalité transcendante, à plus forte raison vers un Dieu Personnel. Les exemples abondent d'une telle réduction : un certain freudisme, voire un certain Freud, pourraient facilement servir d'illustration. Raison de plus pour être prudents dans nos tentatives de psychologie de la religion ! Psychologie, oui, mais non psychologisme : c'est un point que nous devrons garder présent à l'esprit dans nos analyses ultérieures. Précisons donc dans quelles perspectives nous aurons à situer l'impact des questions posées par le psychologue sur notre conception de la vie spirituelle. Nous aurons tout à gagner à cette clarification.

Que vient donc faire le psychologue dans le domaine de la spiritualtié ? Quelle compétence peut-il faire valoir ? Quel intérêt peut-on trouver à son intervention ? Qu'a-t-il à dire sur des questions qui, apparemment, le dépassent ?

Lorsque le psychologue se trouve en présence d'expériences, d'attitudes, de conduites, qui se donnent comme spirituelles, autrement dit d'une vie spirituelle (ou prétendue telle) et de ses divers modes d'expression (prière, gestes rituels, choix éthiques, etc.), sa position n'est ni celle d'un philosophe (au moins en un premier temps), ni celle d'un théologien, encore moins celle d'un pasteur. Elle est celle d'un observateur qui cherche avant tout à comprendre. Dès qu'on parle, en effet, de vie spirituelle, on évoque évidemment (au moins au regard d'un chrétien — et c'est dans une perspective chrétienne que nous situons notre analyse) une vie menée dans l'Esprit, orientée par l'Esprit, dans la mouvance de l'Esprit, étant bien entendu qu'il s'agit ici de l'Esprit de Dieu, l'Esprit du Christ, l'Esprit Saint.

Mais ce qu'observe le psychologue (et l'on pourrait en dire autant du sociologue ou de l'anthropologue), ce sont les retentissements humains de cette présence et de cette action de l'Esprit.

Car la « vie selon l'Esprit » est en réalité une vie humaine, elle se vit et s'exprime dans des comportements humains, des attitudes humaines, des façons de penser et d'agir qui, au moins en droit, ne cessent d'être accessibles à l'observation, ouverte et bienveillante, certes, mais lucide et (éventuellement) critique, de l'homme de science. Quel type d'observation ? C'est un point qui devra être précisé. Il n'en demeure pas moins que, dans la mesure où la vie spirituelle est celle d'un sujet humain, elle est, en un sens, une vie humaine et doit pouvoir se révéler à certains signes observables.

Dieu dans une existence humaine ?

La religion peut être étudiée à divers points de vue. Le philosophe en recherchera les fondements, la signification pour l'existence humaine, l'importance en ce qui concerne la destinée de l'homme, etc. Le théologien, de son côté, procédera par réflexion systématique sur le donné révélé et cherchera à en déployer toutes les implications. Le psychologue, lui, s'intéresse par priorité à ce qui est effectivement *vécu* : loin de s'en tenir à une pensée purement théorique ou spéculative, il se penche sur ce que vivent, ressentent, éprouvent *en fait* les sujets. Or, ce qui est ainsi vécu peut l'être de façons fort différentes, consciemment ou inconsciemment, façons qui sont quelquefois bien éloignées de ce qu'expriment les déclarations officielles d'une religion donnée. Il y a parfois une grande distance entre ce qui est réellement vécu (voire pensé) et ce que l'on prétend vivre ou penser. Le *Credo* récité le dimanche n'exprime pas toujours de manière adéquate ce que croient (ou ne croient pas) en fait les « fidèles » !

Il n'est pas jusqu'aux énoncés dogmatiques qui ne véhiculent, à l'insu, souvent, de ceux qui les profèrent, des images ou des représentations dont une analyse sérieuse montrerait facilement les ambiguïtés. Les expressions les plus rationnelles du dogme chrétien, aussi nécessaires et légitimes qu'elles puissent être, n'en renvoient pas moins, dans bien des cas, à des représentations (images, symboles...) provenant d'un fond archaïque de l'humanité, représentations (la plupart du temps inconscientes) qui demandent à être examinées de près.

Le psychologue n'est d'ailleurs pas le seul à observer ainsi les comportements religieux : toutes les sciences humaines ont à apporter, en ce domaine, leur contribution : l'histoire, souvent si instructive, la sociologie, l'ethnologie, la linguistique elle-même (les langages employés ne sont pas innocents !)... Le psychologue ne saurait négliger aucune de ces sources d'information. Il aura, dans chaque cas, à respecter la spécificité des phénomènes observés, des gestes posés, des termes utilisés, tels qu'ils se donnent dans la religion, mais il aura aussi à comprendre comment le désir de l'homme, conscient ou non, trouve à s'y exprimer, à s'y transformer, à s'y dépasser, pour s'ouvrir à des réalités d'un autre ordre, à l'appel de l'Autre ou d'un Autre, de quelqu'un qui l'entraîne au-delà de lui-même et de son univers immédiat.

Pas de spirituel pur

Si la vie spirituelle, ou, plus largement, ce qu'on entend communément par le terme de religion, peut être considérée par le psychologue comme un ensemble de gestes, d'attitudes, de comportements, de croyances et de sentiments, à travers lesquels tend à s'exprimer une relation vécue avec une Réalité surnaturelle, autrement dit avec Dieu, il n'est pas sans importance de soumettre, avec tout le respect qu'on leur doit, ces comportements, ces croyances, ces sentiments... à l'analyse. Ce n'est évidemment pas au psychologue à se prononcer sur la vérité ou la non-vérité d'une religion ou d'une vie spirituelle en tant que telle : il ne peut, sur ce point, que renvoyer au théologien ou aux autorités religieuses. Sa science, il le sait, est une science humaine... et elle n'est qu'humaine. Dieu, le Saint-Esprit, la grâce divine, ne sont pas pour lui des réalités directement observables. Mais, encore une fois, c'est la manière dont sont (éventuellement) vécues ces réalités spirituelles, ou, si l'on veut, « surnaturelles », qui fera l'objet de ses observations ou de sa critique.

Pour le psychologue, une vie spirituelle est une vie humaine : elle s'inscrit dans les désirs, les craintes, les espoirs, les questions, qui sont le lot de toute vie humaine. Il n'y a pas, en ce sens, de « spirituel pur » : même transfiguré, le sujet humain reste humain !

Une objection pourrait ici se présenter, qui ruinerait par avance toutes les prétentions du psychologue à saisir quelque chose de la vie spirituelle : s'il n'y a que de l'humain, que devient la relation à Dieu ? Que devient la vie spirituelle ? Que devient la religion ? Ne sont-elles pas abusivement réduites à quelque jeu de désirs humains ? L'expérience prouve qu'un tel risque n'est pas illusoire et que les sciences humaines ont parfois, par leurs présupposés, fait disparaître l'objet même de leurs recherches en matière religieuse.

Mais doit-il obligatoirement en être ainsi ? Nous ne le croyons pas : quelques explications sont ici nécessaires. Il n'y a pas, selon nous, de « psychisme clos sur lui-même », pas plus qu'il n'y a de « spirituel pur ». Une conception étroitement scientiste de la psychologie, conception qu'on retrouverait chez certains tenants de la psychanalyse, pourrait induire en erreur. Dans son psychisme même, au niveau même de son « humanité », l'homme est un être ouvert à l'Appel et à la Rencontre de l'Autre. Il ne s'agit pas de quelque « trou à boucher », mais d'une ouverture essentielle, sans laquelle ne saurait exister le désir humain lui-même. C'est bien parce que le sujet humain est marqué dès l'origine, dès sa naissance, dès sa conception, par le désir de l'Autre, qu'il sera ainsi marqué, de façon indélébile, par un *manque*, un manque radical, à partir duquel pourront s'instaurer, au cours de son existence et selon les circonstances, divers types de relations. Ces relations, nous aurons à revenir sur ce point capital, supposent que l'autre est toujours reconnu, accueilli, comme Autre ; elles supposent que le sujet humain ne se referme jamais sur lui-même et sur ses propres besoins. Mais c'est précisément dans ces perspectives que la vie spirituelle peut venir s'inscrire au cœur même du désir humain. N'avons-nous pas là une psychologie ouverte, respectueuse de son objet, permettant d'approcher, et même de saisir, sans quitter le domaine de sa compétence propre, ce qui se joue, au plan humain, en toute attitude authentiquement religieuse ? Telle sera, en tout cas, la conviction qui guidera nos analyses.

Il ne sera sans doute pas inutile d'insister un peu sur ce point.

Nous ne voulons certainement pas dire que le psychologue (ou tout autre spécialiste des sciences humaines) atteint comme telle la relation à Dieu, la grâce surnaturelle par laquelle, dans une vision de foi, Dieu se communique à l'homme (le P. Karl Rahner ne parle-t-il pas d'une « auto-communication » de Dieu à l'homme ?). Mais il se gardera, s'il est honnête, d'une double tentation, celle du *monisme* et celle du *dualisme*. Ces vocables un peu techniques, empruntés à la langue philosophique, tentent d'exprimer deux attitudes, deux conceptions, dont il serait facile de repérer les traces chez de nombreux auteurs, des auteurs spirituels et des théologiens tout autant que des hommes de science.

La première de ces conceptions peut être résumée comme suit : l'homme est considéré comme clos sur lui-même ; tout doit s'expliquer au seul niveau de ses besoins humains. Ce que l'on appelle « vie spirituelle », dans cette perspective, n'est qu'une superstructure, au sens que Marx donne à ce mot, une construction artificielle, à la limite une illusion, le produit (imaginaire) de ce que les psychanalystes appelleraient une *projection*. Ce ne serait qu'une manière, peut-être un peu plus relevée, un peu plus subtile, de se procurer une satisfaction, de dénier une frustration, de camoufler une déception : ce que l'on ne peut obtenir dans la réalité, on se le procure en imagination. Nous ne quittons pas le niveau des besoins humains, et même des besoins infantiles, qu'il s'agisse, comme le notait Freud dans *L'Avenir d'une illusion*, d'un besoin de sécurité, de consolation, de protection, d'un apaisement de la culpabilité, etc.

Clos sur lui-même, comment l'homme pourrait-il, dès lors, s'ouvrir à une relation ? Si on voulait s'en tenir à cette première conception, jamais l'être humain ne serait capable de rencontrer l'autre comme autre, d'entendre son appel et d'y répondre. Jamais il ne pourrait sortir de soi. Une vie spirituelle au sens où nous la comprenons serait à jamais impossible !

Mais la deuxième attitude, celle que nous avons qualifiée de dualiste, n'est pas moins exclue, dans la mesure où elle amènerait à penser psychisme humain et vie spirituelle comme deux domaines, deux réalités totalement hétérogènes, juxtaposées, superposées et, au fond, étrangères l'une à l'autre, autre façon de méconnaître l'unité du sujet humain. La grâce, si grâce il y a, resterait alors extrinsèque et ne rejoindrait plus l'homme dans les profondeurs concrètes de son existence. Certaines conceptions du surnaturel pourraient prêter le flanc à ce genre de critique. Le surnaturel, redisons-le, n'est pas à situer à côté ou au-dessus de la réalité humaine : c'est dans cette réalité humaine qu'il est présent, qu'il agit et, au moins en droit, qu'il peut se révéler.

Il ne faut pas tout confondre

Ni monisme, disions-nous, ni dualisme : il ne s'agit pas de tout ramener à du psychologique ou à du spirituel, encore moins de juxtaposer les deux comme s'il n'y avait entre eux aucune relation. « L'homme n'est ni ange ni bête. » Pour autant, il n'est pas davantage question de tout confondre. S'il est vrai que certains auteurs ont parfois tendance à tout interpréter en termes de spiritualité, même des symptômes névrotiques, d'autres risquent, dans le souci fort respectable de ne pas méconnaître la dimension religieuse de l'existence humaine, de réduire cette dimension religieuse à n'être plus qu'une composante parmi d'autres de l'équilibre psychologique de l'être humain. Rappelons que Dieu, selon nous, n'est pas un objet d'observation pour le psychologue ; il n'est pas, pour l'homme de science, un principe explicatif qui ferait nombre avec les divers facteurs en jeu dans une explication scientifique. Il n'est pas « enfoui dans les profondeurs psychiques » de l'être humain au même titre que les dynamismes et les représentations que le psychologue étudie ou suppose à la base des réactions ou des conduites d'un sujet. Il n'est pas un « archétype » ou une structure psychologique parmi d'autres.

Il nous semble, à cet égard, qu'il y aurait danger de confusionisme dans les vues de certains psychologues ou de certains psychanalystes qui font intervenir Dieu (quel Dieu, d'ailleurs ?) au niveau même de structures psychiques ou des techniques de psychothérapie. Nous pensons ici à certaines théories de l'analyste suisse Carl-Gustav

Jung, mais aussi à celles d'Igor Caruso, de Wilfrid Daim ou même de Viktor Frankl. Avec des nuances dont il faudrait tenir compte, ces divers auteurs en appellent à une Réalité transcendante au niveau de la structuration et de l'équilibre psychologiques de l'être humain. Sans nier l'intérêt de telles perspectives, il nous semble que l'ouverture vers un Transcendant doit aller de pair avec une rigoureuse distinction des points de vue [1].

Le risque de récupération psychologisante de Dieu (et des réalités spirituelles) au profit d'une sorte de « pan-psychologisme » excluant, en fait, toute transcendance, existe certainement et nous devons toujours nous en garder. Il peut même y avoir des conceptions de la prière comme technique pour acquérir ou garder un équilibre psychologique, ou des expériences (comme celles de la méditation dite « transcendantale ») qui, à la limite, n'ont plus rien de spécifiquement religieux.

Pas de confusion, par conséquent, mais pas non plus de *concordisme* de mauvais aloi, comme si on pouvait faire correspondre trait pour trait et de façon immédiate les théories psychologiques, voire psychanalytiques, et les affirmations de foi. Là encore il faut demeurer prudent. Que certaines analogies puissent être mises en lumière et soient, de fait, éclairantes, nous le croyons, et la suite de notre étude le montrera : encore faut-il bien distinguer, là encore, structures ou dynamismes psychologiques et réalités spirituelles. L'homme est un, mais il est complexe, et l'appel de Dieu, sa présence, son action, s'ils atteignent l'être humain au plus profond de lui-même, ne sauraient se réduire à quelque facteur psychologique que ce soit. Ni

---

1. Voir, par exemple, le livre déjà ancien, mais toujours valable, de Raymond Hostie, *Du mythe à la religion, La psychologie analytique de C.-G. Jung*, Desclée de Brouwer, 1955.

le théologien, ni le spirituel, ni, de leur côté, psychologue et psychothérapeute, n'ont intérêt à tout confondre[2]. Nous aurons constamment à tenir compte de cette mise en garde et de cette différence de points de vue.

Psychanalyse?

A ce point de nos réflexions, il ne sera peut-être pas inutile de préciser quelques points concernant la *psychanalyse* et notamment la psychanalyse freudienne. Nous y avons déjà fait allusion à plusieurs reprises, mais il importe d'éviter à ce sujet tout malentendu.

Nul n'ignore que la psychanalyse est née dans un contexte athée; on sait aussi les critiques adressées par Freud à la religion et tout particulièrement à la religion judéo-chrétienne. Inutile de rappeler tous les textes: ils abondent. Il faut pourtant, ici encore, distinguer. Le fait qu'il y ait des psychanalystes chrétiens, et même religieux et prêtres, montre bien que des nuances doivent être apportées[3].

Le climat d'incroyance dans lequel Freud et ses premiers successeurs ont élaboré leur technique et leurs théories explique pour une large part la méfiance, pour ne pas dire l'hostilité, de nombreux croyants, non moins que les réticences des autorités ecclésiastiques à l'égard d'une discipline qui semblait faire fi de la foi religieuse et de la morale. Des expériences malheureuses, il faut le dire, sont venues à l'appui de cette méfiance et ont servi, à tort ou à raison, de justification à un refus[4].

---

2. Voir entre autres: Louis Beirnaert, « Psychanalyse et vie de foi » dans: *Aux frontières de l'acte analytique*, Seuil, Paris, 1987, p. 132-141.
   3. Cf. Louis Beirnaert, « De l'athéisme », *ibid.*, p. 119-131.
   4. Maurice Bellet, « Psychologie et spiritualité », *Christus*, octobre 1969, t. 64, p. 495-509, et les autres publications du même auteur.

Il serait pourtant injuste, croyons-nous, d'en rester à cette position strictement négative. Nous ne méconnaissons ni les limites de la psychanalyse, ni les erreurs qui ont été parfois commises en son nom. L'expérience est là, cependant, qui semble prouver, d'une part, que la psychologie contemporaine, notamment dans le champ de la psychologie génétique, celle qui étudie le développement de l'enfant, de la psycho-pédagogie, ou de la psychiatrie, fait assez largement appel aux recherches et aux découvertes psychanalytiques, d'une façon qui éclaire singulièrement certains aspects du comportement humain ; et, d'autre part, que la psychanalyse, pour le meilleur ou pour le pire, fait partie de notre culture, même lorsqu'elle est contestée ou combattue, à tel point qu'il est actuellement difficile de se passer d'elle, ne serait-ce que pour la critiquer !

Encore faut-il préciser. Quelles que soient les outrances, théoriques ou pratiques, auxquelles ont pu se laisser aller Freud ou certains psychanalystes se réclamant de lui, il n'est pas sans importance de remarquer que, *dans son principe*, la psychanalyse, c'est-à-dire la cure psychanalytique, se présenterait plutôt comme un appel à un surcroît de lucidité et, par là, un certain chemin de liberté. Sans nier, une fois encore, les excès ou les déviations possibles, la révélation et la prise en compte de mécanismes inconscients qui interfèrent sans cesse avec l'activité consciente, doivent permettre au sujet humain de ne pas trop s'aveugler et d'éviter certaines illusions. La liberté, on l'a dit, est une liberté « seulement humaine » (Paul Ricœur), une liberté « sous conditions » (Emmanuel Mounier), une liberté qui doit s'exercer à partir et au sein de déterminations psychiques avec lesquelles elle doit compter. « L'homme n'est ni ange, ni bête. »

Bien des malentendus, il est vrai, grèvent la compréhension des théories freudiennes. Sans parler de son athéisme, que nous évoquions ci-dessus, que n'a-t-on dit de son « immoralisme » et de son « pansexualisme »? Là encore il vaut la peine d'y regarder de plus près. Certes, le fondateur de la psychanalyse s'est vigoureusement élevé contre les exigences, pour lui excessives, d'une morale, souvent exagérément puritaine, dont il percevait surtout les côtés négatifs. Était-il pour autant l'immoraliste qu'on ne cesse de dénoncer? Ses démêlés avec W. Reich, non moins que certaines confidences de son ami E. Jones, qui fut son biographe, permettent au moins d'en douter.

Instincts ou pulsions?

La théorie freudienne de la sexualité n'a pas toujours été bien comprise. Freud lui-même y a apporté, au cours des ans, nombre de nuances et de corrections. Mais, pour en saisir la portée et l'originalité, il faut la replacer dans un ensemble plus vaste, la théorie des *pulsions*. Sans entrer ici dans trop de détails, rappelons brièvement ce que représentent, pour la psychanalyse, ces pulsions. On entend par ce terme des dynamismes élémentaires, des forces ou des tendances, si l'on veut, qui sont à la base de la vie psychique de l'homme. Outre la sexualité (Freud parle alors de *libido*), il faudrait compter les pulsions du moi (ou d'auto-conservation), les pulsions agressives, et même les pulsions de mort (si discutées parmi les psychanalystes). Cette sèche énumération ne saurait en aucune façon rendre compte de l'extrême complexité des interactions que l'analyse peut déceler entre ces diverses pulsions. Les auteurs ne s'accordent pas toujours, d'ailleurs, sur la place et l'importance à reconnaître à chacune d'elles. Reste que, dans cette conception, la sexualité n'est pas tout, même si elle est, en un sens, partout, l'homme étant, de fait et de part en part, un être sexué : « homme et femme Il les créa », est-il dit de Dieu dans le livre de la Genèse !

Mais ces pulsions, comment les concevoir ? Faut-il les réduire à de simples instincts ? Certaines traductions donneraient à le croire. Ce serait pourtant une grossière erreur.

Le but visé est bien, d'un côté comme de l'autre, une satisfaction ou, pour parler comme Freud, une réduction de tension. Cette façon « mécaniste » de s'exprimer ne doit cependant pas faire illusion. Les pulsions, si, comme leur nom l'indique, elles poussent le sujet à trouver les voies d'une satisfaction, ne le font pas n'importe comment. A la différence de l'animal, l'homme ne saurait se satisfaire d'une décharge brute. « Etre pulsionnel », l'être humain n'en est pas moins un « être culturel », c'est-à-dire un être marqué, d'entrée de jeu, par la culture, pris, dès sa conception, dans un réseau de rapport interpersonnels : parenté, famille, groupe ethnique, racial, social...

Impossible donc de penser une pulsion sans faire entrer dans sa définition la direction qu'y inscrivent les références culturelles... Au travail psychique qu'impose la pulsion, il faut ajouter le travail que, pour sa part, la culture impose au psychisme... De nouvelles significations émergent et les intérêts se transforment... *Les orientations religieuses* s'inscrivent, elles aussi, dans la vie psychique ; elles lui imposent, comme toute réalité culturelle, un travail de spiritualisation et de sublimation et elles l'ordonnent à des jouissances où les pulsions peuvent trouver leur satisfaction... La religion interpelle et guide les pouvoirs expressifs du psychisme et leur ménage un accès au *plus être* qu'est le lien avec le divin [5].

Nous sommes loin des réactions purement instinctives et d'une sexualité ou d'une agressivité vécues à l'état brut.

---

5. Antoine Vergote, *Dette et désir, Deux axes chrétiens et la dérive pathologique*, Paris, Seuil, 1978, p. 51-53.

L'être humain est humain et non purement animal, dès le départ ; les pulsions qui le meuvent sont des dynamismes humains, non des instincts brutaux. Freud, du fait de son incroyance, ne pouvait faire appel à la dimension religieuse de l'existence ; des auteurs freudiens, plus ouverts ou moins sectaires sur ce point, peuvent, sans trahir essentiellement la pensée du « fondateur », lui donner sa juste place dans la définition même de la pulsion.

Loin de nous la pensée de « canoniser » l'œuvre de Freud ! Il nous suffit de reconnaître qu'elle n'est pas, de soi, fermée à des interrogations d'où la foi religieuse n'est nullement exclue. Bien plus, si elle met, comme on l'a souvent répété, la foi en question, ce n'est pas nécessairement pour la détruire ou la disqualifier : c'est peut-être aussi pour se laisser interroger par elle et aboutir, de part et d'autre, à une plus grande lucidité.

Des attitudes vraies

On aura sans doute compris que, lorsque nous parlons des relations entre psychologie et vie spirituelle, c'est surtout à la psychanalyse que nous pensons, parce que c'est dans cette perspective que se situent, à notre avis, les questions les plus radicales.

Là, en effet, se posent plusieurs problèmes, sur lesquels nous aurons, dans les chapitres suivants, à revenir. Qu'appelle-t-on au juste expérience spirituelle ? Que (ou qui) prétend-on atteindre en une telle expérience ? Quels besoins humains sont (éventuellement) en jeu ? Quelle valeur lui attribuer ? Que désire-t-on, finalement, quand on prétend vivre une telle expérience ? etc. Toutes ces questions, et bien d'autres, ne peuvent pas ne pas se poser si on veut être honnête et loyal. La psychanalyse, en mettant l'accent sur les aspects inconscients de la personnalité, oblige à les poser à nouveaux frais. On ne saurait, selon nous, s'y dérober. Restent à trouver les « bonnes réponses », c'est-à-dire les réponses qui n'escamotent pas le problème et tiennent compte de toutes les données.

Pour les croyants (dont nous sommes), la vie spirituelle est une réalité et fait référence à une Réalité transcendante ; un acte de foi est requis pour avoir accès à cette réalité et en comprendre la valeur. Sans un tel acte de foi, le terme même de vie spirituelle perd toute signification et n'est plus qu'un fantôme : un croyant ne saurait, bien entendu, se résoudre à une telle « réduction » de ce qu'il pense être l'essentiel de son existence ! Mais cette réalité, cette vie spirituelle, n'est saisie par le psychologue que selon sa face humaine ; mieux, elle est, par tout un côté d'elle-même, une réalité humaine. Le psychisme humain y est tout entier impliqué. Comment pourrait-il en être autrement et comment, dès lors, le psychologue pourrait-il s'en désintéresser ? Le « spirituel » n'est certes pas le « psychique », mais il ne peut se vivre et s'exprimer que dans le psychisme. Comment le croyant, de son côté, se déroberait-il à de telles questions ? Comment pourrait-il ne pas se laisser interroger sur ce qu'on pourrait appeler la vérité humaine de ses attitudes ? Si on peut exiger du psychologue un minimum d'ouverture en ce qui concerne la dimension spirituelle de l'homme, comment ne pas demander au croyant un minimum d'honnêteté sur la façon « humaine » dont il exprime sa foi ?

Là comme ailleurs, des déformations sont possibles ; des déviations psychologiques pourront se traduire, sur le plan spirituel, en attitudes plus ou moins faussées ou raidies. Scrupules obsessionnels, délires pseudo-mystiques, croyances plus ou moins superstitieuses, mortifications à saveur masochique, etc. sont là pour le montrer ; et nous aurons, dans les pages qui suivent, à y revenir.

Mais, par contre-coup, nous pourrons mieux comprendre à quel point la vie spirituelle, ou celle qui se donne comme telle, est insérée dans le psychisme humain, à quel point elle peut en dépendre. Ce n'est donc pas porter atteinte à une authentique vie spirituelle que de l'examiner soigneusement du point de vue psychologique. Elle n'aura qu'à y gagner en lucidité et en vérité.

La réalité divine, nous aurons souvent à le redire, n'est nullement réductible à quelque mécanisme psychologique. Mais, quand le sujet humain prétend l'atteindre ou en vivre, il ne le peut, selon le mot de Platon, qu'avec toute son âme, avec tout son être ; nous dirions aujourd'hui, avec tout son psychisme. Et c'est là-dessus que le psychologue s'interroge !

2. L'expérience de Dieu

Dieu existe, je l'ai rencontré : le titre du célèbre ouvrage d'André Frossart [1] ne peut manquer de poser au psychologue une difficile question. Que peut signifier une telle assertion ? Comment concevoir une telle rencontre ? Quel en est, pour l'auteur, le sens exact ? De quel « Dieu » s'agit-il et comment peut-il être identifié ? etc. Au-delà du témoignage, si convaincant soit-il, de quel type d'expérience parle-t-on ici ?

Un tel témoignage est loin d'être isolé ; l'histoire de l'Église en fournit de très nombreux exemples : depuis saint Paul et son « chemin de Damas », sans parler des premiers disciples du Christ, jusqu'à nos jours, en passant par tous les « spirituels », tous les « mystiques », petits et grands, obscurs ou bien connus ! « Rencontrer Dieu », d'une façon ou de l'autre, n'est-ce pas à la fois le point de départ et le point d'aboutissement de toute conversion, de toute vie spirituelle digne de ce nom ? N'est-ce pas le but visé, le terme du chemin, l'ultime étape de tout itinéraire spirituel ? Qu'est-ce au juste que « rencontrer Dieu » ?

---

1. André Frossart, *Dieu existe, je l'ai rencontré*, Fayard, 1969.

Inutile de dire qu'il ne saurait s'agir d'une expérience purement livresque ou seulement intellectuelle au sens étroit du mot. Une simple lecture, un raisonnement théorique, si on en reste à la seule information ou à la pure spéculation, ne sauraient suffire ! Pourrait-on même, à s'en tenir là, parler d'expérience ? Le « Prends et lis » de saint Augustin est évidemment bien autre chose qu'une simple découverte intellectuelle : le bouleversement que provoque en lui une telle lecture du texte évangélique est là pour l'attester (*Confessions*, VIII, 12,29). Non que la dimension intellectuelle, dans ce cas, soit absente. Nous verrons qu'elle ne peut jamais faire complètement défaut. Mais comment réduire à une seule dimension ce qui change toute une vie ?

D'autres itinéraires sont possibles : pensons, par exemple, à ces Pères du désert (saint Antoine et tant d'autres) qui se méfiaient au plus haut point (c'est peu dire !) de tout intellectualisme.

Jésus lui-même n'a-t-il pas affirmé : « Je te bénis, Père, car, ce que tu as caché aux sages et aux savants, tu l'as révélé aux tout-petits » (Mt 11,25) ? Et saint Paul, nous le rappelions dans l'Introduction, ne mettait-il pas en garde contre les méfaits d'une « sagesse tout humaine » ? La cohorte des « fous de Dieu », des illettrés éclairés (qui donnent des leçons aux graves et pesants théologiens), des « simples » qui reçoivent des révélations divines (pensons à Bernadette Soubirous et à tant d'autres) n'a jamais cessé d'en porter témoignage dans l'histoire de l'Église et celle de la spiritualité [2]. Il n'est pas nécessaire d'être un intellectuel pour rencontrer Dieu : à première vue, ce serait plutôt le contraire !

---

2. Cf., par exemple, Michel de Certeau, *La Fable mystique*, Gallimard, 1982, p. 48-70 et 280-329.

Une longue histoire

Sauf cas exceptionnels — car rien n'est impossible à Dieu —, l'expérience de Dieu survient au sein d'une existence humaine déjà marquée par un certain nombre d'événements. Des paroles ont pu être entendues, les lectures faites, plus ou moins au hasard des circonstances, des gens rencontrés, etc. « Comment invoquer le Nom du Seigneur, disait déjà saint Paul, sans en avoir entendu parler ? Et comment en avoir entendu parler si personne ne l'annonce ? » (Rm 10,13-15)... Surtout dans nos sociétés chrétiennes ou post-chrétiennes, n'y a-t-il pas toujours quelque préalable à une « rencontre de Dieu » ?

L'expérience de Dieu, a-t-on dit, n'est jamais première. Elle connaît toujours une longue préhistoire et, dans la plupart des cas, une préhistoire religieuse (ou anti-religieuse). Psychologiquement, chaque garçon, chaque fille en vient à parler de Dieu à partir d'un réseau de relations humaines grâce auxquelles chacun grandit, par le détour de ce qu'on dit de Dieu autour de lui : famille, école, milieu de vie ou de travail, de loisirs... Dans l'air que l'enfant respire..., il y a de la religion ou de l'anti-religion [3].

Les choses ont-elles changé au point qu'une totale indifférence ait supprimé, avec tous les conflits, toute trace de religion ? On peut au moins en douter à voir, en de nombreux endroits, ce qu'on a nommé le « retour du religieux ». Si discutable que puisse être, ici ou là, un tel « retour », il n'en manifeste pas moins, sous des formes parfois criticables, la permanence d'une question.

A plus forte raison, au temps passé, le contexte dans lequel vivaient les « simples » que nous évoquions ci-dessus, était déjà, dans la plupart des cas, un contexte reli-

---

3. André Godin, *Psychologie des expériences religieuses*, Le Centurion, 2ᵉ éd., 1986, p. 17.

gieux, qu'il ait été juif, païen ou chrétien. Ces hommes et ces femmes avaient entendu parler des prédicateurs, lu l'Évangile (songeons à la conversion de saint Antoine), voire raillé la religion. Sur son lit de blessé, Ignace de Loyola, né lui-même dans la très catholique Espagne, découvrait « La vie du Christ » et les exploits des saints dans les seuls livres qu'on ait pu alors mettre à sa disposition [4].

Toute rencontre, fût-ce la rencontre de Dieu, comme toute expérience, fût-elle spirituelle, est donc bien située, ce qui ne veut pas dire expliquée, dans un contexte, en fonction d'une parole, d'un savoir, de connaissances, qui lui donnent sens et signification pour le sujet qui en est le bénéficiaire. Fasciné par l'événement, on oublie quelquefois ce contexte, ce qui peut entraîner certaines erreurs d'interprétation.

Une expérience vécue

Il n'en demeure pas moins qu'il s'agit bien d'une expérience et de l'expérience d'une rencontre. Tous ceux qui ont passé par là répugneraient assurément à voir réduite leur expérience à un simple jeu d'influences humaines ou même à une certaine « manière de parler ». Ils en sont sûrs : Quelqu'un les a rencontrés... et leur vie s'en est trouvée transformée. Cette conviction est chez eux si forte que tous les discours explicatifs, toutes les considérations spéculatives, fussent-ils de la meilleure théologie, leur semblent insuffisants pour rendre compte de ce qu'ils ont effectivement vécu. Car c'est bien d'un vécu, pas seule-

---

4. Ignace de Loyola, *Récit* (autobiographique), Desclée de Brouwer, 1987, p. 60 et suivantes.

ment d'une pieuse pensée ou d'une imagination surchauf-
fée, qu'il s'agit. Il faut l'avoir vécu, disent-ils, pour comprendre.

Lorsque, en 1663, le Père Jean-Joseph Surin, un jésuite
à la destinée peu ordinaire, grand mystique malgré de lon-
gues années de maladie mentale, écrivait sa *Science expé-*
rimentale des choses de l'autre vie acquise en la possession
des Filles de Loudun, un livre, affirmait-il, « où je dis mes
expériences [5] », il se référait à une période bien précise
de son existence, à cette lutte terrible qu'il avait dû mener
contre les forces du Mal au couvent de Loudun, puis à ce
temps d'épreuve pendant lequel, épuisé, nerveusement
déséquilibré, il se voyait comme anéanti, presque damné !
Obscurité de l'âme, ténèbres profondes, combats achar-
nés contre les tentations, y compris celle du suicide, tout
cela, nous affirme-t-il, il l'interprétait comme les signes
d'un mystérieux « dessein de Dieu », d'un Dieu qui, après
l'avoir terrassé, le sauvait ! Expérience vécue ? Certes, et
quelle rude expérience ! Il pouvait l'opposer aux savantes
dissertations de ses confrères théologiens et aux décisions,
parfois hâtives, des autorités de son Ordre. Mais comment
se faire comprendre de ceux « qui n'avaient pas fait
l'expérience ? » Ce n'était pas faute de documents écrits ;
rapports, libelles, correspondance, ouvrages, poésies...
Mais comment exprimer l'inexprimable ?

Expérience extrême, singulière, extraordinaire, il est
vrai, mais tous les mystiques, tous les grands spirituels,
ne se sont-ils pas heurtés à la même difficulté ? Que
pourrions-nous savoir d'eux, cependant, de leur expérience, de leurs cheminements, s'ils n'avaient pas, chacun
à sa manière, tenté de nous en communiquer quelque

---

5. Jean-Joseph Surin, *Correspondance*, texte établi et présenté par
Michel de Certeau, Desclée de Brouwer, 1966, p. 1472.

chose ? Thérèse d'Avila, Jean de la Croix, tant d'autres avant et après eux, ne nous ont-ils pas décrit, avec plus ou moins de bonheur, leur expérience ? *Le chemin de la perfection, La Montée du Carmel, la Vive Flamme d'amour*, l'autobiographie de sainte Thérèse, etc., en sont la preuve. Plus près de nous Thérèse de Lisieux n'a-t-elle pas consigné par écrit son itinéraire spirituel, « sa petite voie » ? Saint Ignace, si discret pourtant sur lui-même, ne nous a-t-il pas laissé, outre ses *Exercices spirituels*, son *Récit du Pèlerin* ? Expérience de soi incommunicable, l'expérience de Dieu, paradoxalement, ne cesse, dans l'Église, d'être communiquée !

Dans la mesure même où, dans le christianisme surtout (mais pas uniquement), l'expérience se donne comme rencontre de Dieu, chemin vers Dieu, elle se fait presque nécessairement témoignage, quelles que soient les voies, directes ou indirectes, par lesquelles passe ce témoignage. Elle doit donc se communiquer, s'exprimer, à tel point que cette expression, cette communication, pourra être considérée comme faisant partie intégrante de l'expérience elle-même. Les plus grands spirituels n'ont cessé de l'affirmer.

Une expérience complexe

Reste, bien entendu, à concevoir cette rencontre avec Dieu, non plus au plan théologique, mais au niveau de la psychologie humaine. Rencontre, expérience : pour le psychologue, ces mots sont lourds d'ambiguïté. Que peuvent-ils signifier dans le contexte d'une vie spirituelle ?

Partons du terme d'*expérience* : que recouvre-t-il au juste ? Laissons de côté l'usage scientifique du mot : ensemble de techniques et de méthodes permettant de vérifier une loi de corrélation répétitive et, jusqu'à un certain point, réversible ; ce type d'expérience, habituel dans les sciences dites précisément expérimentales, ne saurait s'appliquer au domaine spirituel. Non pas que les méthodes fassent défaut dans la vie spirituelle, ni que certains aspects techniques y soient inutiles : là comme ailleurs, nous le verrons, l'effort humain est nécessaire. Mais, s'il y prépare (éventuellement), ce n'est pas lui qui produit la rencontre de Dieu : celle-ci, par définition, reste une pure grâce.

Par contre, le langage courant parle volontiers d'expérience vécue indiquant par là que le sujet humain, dans sa subjectivité même, y est de quelque manière impliqué. Impossible donc d'en exclure la dimension de *singularité* et celle de *liberté* : quelque chose arrive à quelqu'un, intervient dans son histoire personnelle, interpelle sa liberté. Ce quelqu'un est un sujet, une personne humaine, non un objet que l'on manipule à sa guise ou qu'on examine au microscope !

Mais tout n'est pas dit par cette référence à la subjectivité. L'expression reste vague et demande à être précisée.

En quoi consiste l'expérience ? S'agit-il d'une sorte de saisie immédiate, d'une soudaine intuition, ou, au contraire, d'une longue familiarité, fruit d'un patient effort ? Et comment concevoir cette saisie ou cette familiarité, quand il est question de Dieu ? Le sujet humain y est-il passif, comme semblerait le suggérer l'expression classique *pati divina* (être passif sous l'action de Dieu, se laisser faire par Lui, « souffrir », comme on disait en vieux français, qu'Il agisse en l'âme), ou actif, dans la ligne des exercices spirituels ou dans celle de l'ascèse, ce terme grec évoquant l'entraînement sportif ? La vertu ne s'acquiert-elle pas par un long effort, au prix de lourds sacrifices ?

Ce n'est pas tout : déclarer qu'une expérience spirituelle

est essentiellement subjective, n'est-ce pas lui dénier tout
caractère d'objectivité ? N'est-ce pas en faire une pure illusion ? Quelle part faut-il faire à l'affectivité ? Quel est son
rôle ? Quelle valeur lui accorder ?

Dans une expérience qui se donne souvent comme
immédiate (« le Créateur agissant directement sur sa créature », selon un mot de saint Ignace), quelle place faut-il
faire au jeu complexe des médiations ?

Autant d'interrogations que ni le croyant ni le psychologue ne peuvent éluder. Peut-être, d'ailleurs, faudra-t-il
éviter les oppositions factices et comprendre que toute
expérience humaine, sans en excepter l'expérience religieuse, est nécessairement complexe. Essayons d'en dégager les principaux éléments [6].

Toute expérience part, bien sûr, d'une prise de conscience : à ce stade, déjà, on peut parler d'une certaine activité du sujet. Ne dit-on pas que, pour prendre conscience,
il faut faire attention ? « Prendre », « faire », le sujet doit
au moins se rendre présent à ce qu'il vit. Ce qu'il vit, il
doit encore l'interpréter, en découvrir le sens. Là encore,
l'esprit doit s'ouvrir à ce qui est signifié... sous peine d'y
rester fermé ! Enfin l'expérience spirituelle — comme toute
expérience — entraîne normalement un changement d'attitude, une sorte de conversion : se convertir, prendre une
nouvelle attitude, sont encore des activités de sujet ; comment pourrait-il en être autrement ?

Pourtant, lorsqu'on évoque une rencontre, on ne peut
nier que quelque chose ou quelqu'un vient au sujet, survient dans son existence, intervient dans sa vie. A cet
égard, l'être humain peut être considéré comme passif, ou
mieux : réceptif. Un autre le rencontre et cette rencontre

---

6. Notre analyse s'inspire tout particulièrement de celle d'A. Godin,
Psychologie des expériences religieuses, op. cit, p. 264.

ne peut pas le laisser indifférent, ne peut pas ne pas le changer. Des émotions, des sentiments surgissent : crainte, espoir, paix, joie... L'affectivité entre en jeu avec ses diverses harmoniques, apportant, suivant les cas, perturbation ou apaisement. L'être tout entier résonne, pour ainsi dire, au choc de l'Autre.

Passivité et activité sont donc intimement mêlées et ne sauraient être dissociées. On peut, sans doute, insister sur l'une ou sur l'autre, distinguer, comme le fait A. Godin, une expérience comme émotion subie (*Erlebnis*, en allemand) et une expérience comme synthèse active, impliquant interprétation, jugement, attitude prise... *(Erfahrung)*, souligner, suivant les circonstances et les situations, la part de l'affectivité ou celle de la décision ou du savoir, etc. Mais toute expérience spirituelle présentera, à l'analyse, un double aspect : l'aspect affectif, éprouvé, subi (selon le premier sens du terme « être affecté ») et un aspect interprétatif : quelque chose est compris, connu, de nouveaux horizons s'ouvrent, des transformations s'opèrent... Si la rencontre a pu être soudaine, les changements, changement de mentalité, d'attitude, de conduite, demandent, à coup sûr, un certain temps !

Une expérience immédiate ?

J'affirme avoir rencontré Dieu de façon immédiate. Inutile de confronter cette assurance avec ce qu'un cours de théologie peut dire sur la nature de telles expériences immédiates de Dieu... J'ai expérimenté Dieu au-delà de toute image et de toute représentation. J'ai expérimenté Dieu qui ne peut d'aucune façon être confondu avec quoi que ce soit d'autre quand il se fait proche ainsi lui-même dans sa grâce [7].

---

7. Karl Rahner, *Discours d'Ignace de Loyola aux jésuites d'aujourd'hui*, trad. française, Le Centurion, 1978, p. 11.

Ces affirmations, que Karl Rahner met dans la bouche de saint Ignace, que signifient-elles pour le psychologue ? Comment les comprendre, s'il est vrai, comme nous le remarquions plus haut, que toute expérience doit être de quelque façon interprétée ?

Le pur contact, affirme de son côté un psychologue, ne constitue pas une expérience ; il faut que la « chose » (expérimentée) se donne comme prégnante de signification. L'expérience est dans la conjonction du contact immédiat et de la signification saisie [8].

Le contact, la rencontre, peuvent bien présenter un caractère d'immédiateté : Dieu pourrait-il se communiquer lui-même autrement que de façon immédiate ? N'est-il pas, en un sens, immédiatement présent à sa créature ?

Si pourtant Dieu doit se manifester à l'homme, si celui-ci doit pouvoir reconnaître qu'il s'agit bien de Dieu, ne faut-il pas que cette rencontre, si immédiate qu'on veuille la concevoir, prenne sens pour l'esprit humain ? Si bouleversante qu'elle puisse être, l'expérience spirituelle doit être comprise comme telle, interprétée comme telle : faute de quoi, elle se réduirait à quelque ébranlement affectif et resterait dépourvue de signification. Au mieux, elle demeurerait incertaine, équivoque, ambiguë. Si important que puisse être son rôle, le pur choc affectif ne peut être, à lui seul, un principe de discernement.

En rigueur de termes et malgré certaines apparences ou certaines présentations, une expérience n'est jamais absolument ponctuelle : elle s'appuie sur un certain passé, se trouve, consciemment ou non, de façon réfléchie ou — apparemment — spontanée, interprétée en fonction d'un certain nombre de signifiants, référée à un certain langage, en fonction de certaines catégories, etc. S'il s'agit d'une

---

8. Antoine Vergote, *Religion, foi, incroyance*, Mardaga, Bruxelles, 1983, p. 112-113.

expérience religieuse ou qui se prétend telle, la référence à une religion instituée, à un certain type d'éducation, à des attitudes socialement conditionnées, ... doit toujours être prise en considération. Les changements d'attitude, les nouvelles façons de penser, d'agir, de voir les choses, manifestent, eux aussi, qu'une certaine restructuration de la personnalité est en train de s'opérer. Méconnaître ces diverses dimensions de l'expérience serait à coup sûr la fausser et la priver de sens.

Même s'il est le fruit d'une « grâce instantanée » (« le chemin de Damas »), ce sens ne se donne en fait qu'à la longue. Il n'est, le plus souvent, saisi qu'après-coup, comme ce fut le cas pour les disciples d'Emmaüs : « Notre cœur n'était-il pas brûlant ? » disent-ils, au terme du voyage (Lc 24,32) et après une longue méditation sur les Ecritures ! Il faut avoir longuement cheminé, longtemps écouté, patiemment médité, pour comprendre, enfin, ce que signifiait la rencontre.

Un long chemin : le terme allemand d'*Erfahrung*, par quoi nous traduisions plus haut le mot français d'expérience, vient, comme on l'a fait remarquer, du verbe *fahren*, voyager.

L'homme qui a voyagé, celui-là ne connaît pas seulement le monde par ouï-dire, mais parce qu'il a été là, qu'il a vécu, souffert, agi, avec les autres hommes. Quant à l'expert (*peritus*, en latin), il a pour ainsi dire rassemblé dans son propre corps des connaissances par l'essai, l'épreuve, l'erreur et la confirmation [9].

Voyage, apprentissage, essais et erreurs : tout cela, qui fait partie de l'expérience, exige du temps, beaucoup de temps, une longue patience, une mélange d'activité, d'efforts, et de passivité, de réceptivité, des déplacements

---

9. Dietmar Mieth, « Vers une définition du concept d'expérience : qu'est-ce que l'expérience ? », *Concilium* n° 133, mars 1978, p. 58.

aussi (pas nécessairement géographiques !). Qui dit voyage dit à la fois déplacements, itinéraire, découvertes successives et changements. Rien de tout cela ne se fait en un instant.

« Je Te connaissais par ouï-dire, maintenant mes yeux T'ont vu », déclarait le saint homme Job (Jb 42,5). Plus que les discours, finalement assez vains, de ses amis (pourtant instruits et bien intentionnés), il lui a fallu l'épreuve d'une cruelle et incompréhensible maladie pour en arriver à rencontrer Dieu en vérité.

« Saisie immédiate » ? Oui, c'est ainsi qu'apparaît l'expérience de Dieu à certains moments privilégiés. Mais de tels instants, s'ils sont donnés, sont précédés, accompagnés, suivis, par toute une transformation, par une *élaboration psychique*, un travail psychique (pour reprendre des termes freudiens), travail souvent inapparent et secret, mais travail indispensable pour que puisse avoir lieu une authentique expérience.

Ne nions pas la soudaineté (apparente ?) de certaines conversions, l'immédiateté de certaines rencontres de Dieu : ce serait nier l'évidence et refuser des témoignages dont la sincérité est incontestable. Nous ne saurions pourtant en rester là.

Des expériences fort diverses

Expériences spirituelles ? Expériences de Dieu ? Déjà, au début du siècle, W. James signalait la grande variété de ces expériences ! Que dirait-il aujourd'hui, où des influences venues d'univers culturels fort éloignés (comme l'Extrême-Orient…) suscitent, même en milieu chrétien et au cœur de la civilisation occidentale, des expériences bien diverses ? Sans prétendre, en ces pages, en dresser une liste exhaustive, tentons de dégager quelques-uns de leurs présupposés et d'en montrer, si possible, la valeur et les limites [10].

1. Expériences mystiques

En climat chrétien, on peut tout d'abord penser aux expériences mystiques, dont l'histoire nous offre d'innombrables exemples. Nous évoquions plus haut les grands « classiques », Thérèse d'Avila, Jean de la Croix, Ignace de Loyola, mais il y en aurait bien d'autres : Bernard, Henri Suso, Tauler, Maître Eckhart... L'époque moderne ne serait d'ailleurs pas moins riche ! Mystiques contemplatifs ou mystiques de l'action, mystiques aux tempéraments et aux itinéraires bien différents, mais qui témoignent tous d'une union à Dieu plus ou moins exceptionnelle, d'un bouleversement profond de leur personnalité, parfois d'une lumière surnaturelle qui guide leur action et leur fait réaliser des merveilles : qu'on songe, par exemple, à Marie de l'Incarnation ! Encore faut-il ajouter que la lumière peut faire défaut et que la route de certains de ces mystiques ne fut (au moins par moments) que nuit et obscurité : pensons à saint Jean de la Croix, mais aussi à sainte Thérèse de Lisieux. Ce passage par la nuit, par le non-savoir, par l'épreuve crucifiante, est même une des conditions, semble-t-il, de l'expérience mystique authentique. Loin d'être un sentier fleuri, le « chemin de la perfection », la « montée du Carmel », est toujours un chemin de croix. Comment en serait-il autrement, quand

10. Cf. notre article : « Expériences religieuses et psychologie », dans *Penser la religion*, collectif, coll. « Philosophie » 13, Beauchesne, 1991, p. 181-202.

on prétend rendre amour pour amour au Christ crucifié ? Nuit douloureuse, ascèse purificatrice, « dur travail du négatif » (pour reprendre, hors de son contexte, un mot de Hegel) : aucun vrai mystique n'en a été dispensé.

Bien des questions peuvent ici se poser : en quoi consiste cette union à Dieu dont parlent les saints ? Quelle place donnent-ils à la nuit, à la souffrance, à l'ascèse ? Que représente ce « non-savoir », cette « docte ignorance », dont il est parfois fait mention ? De nombreux travaux ont paru sur ces difficiles questions. Nous ne retiendrons que quelques-unes de leurs conclusions [11]. La question de l'union à Dieu sera reprise dans le chapitre suivant.

Notons seulement, à ce point de nos réflexions, que, si le Dieu des mystiques est vraiment, selon le mot attribué à Grégoire de Nazianze, « Dieu au-delà de tout », s'Il est donc le Tout-Autre, la Source de tout être (« fond de l'être », « sur-être », comme le nomment certains mysti-ques), sa présence souveraine commence par plonger la créature dans la nuit, nuit au sein de laquelle l'être humain, découvrant « expérimentalement » la radicale transcendance de ce Dieu qui lui est tout, perd pied et ne sait plus que penser. Et cette rencontre avec l'Ineffable et l'Incompréhensible s'opérant au centre et dans le fond même (ou à la cime, à la « fine pointe ») de l'âme, là où s'originent les diverses facultés (mémoire, entendement, volonté) décrites par la psychologie classique, saisit, pour

---

11. Rappelons, pour mémoire, l'ouvrage (classique) de Joseph Maré-chal, *Etudes sur la psychologie des mystiques* (Alcan, 1924 et Desclée de Brouwer, 1937) ; plus récemment, Antoine Vergote, *Dette et désir*, cité plus haut, ou, dans une perspective plus philosophique : Georges Morel, *Le sens de l'existence selon saint Jean de la Croix*, 3 vol., Aubier, 1960-1961. On y ajoutera l'importante étude de Lode van Hecke sur saint Bernard : *Le désir dans l'expérience religieuse, L'homme réunifié*. Relecture de saint Bernard (préface d'A. Vergote), Cerf, 1990.

ainsi dire, le sujet « à revers » et ne peut pas ne pas entraîner une radicale transformation dans l'opération de ces mêmes facultés. S'il en résulte une sorte de non-conscience, de non-savoir, c'est que la conscience humaine, dans son exercice naturel, est incapable de saisir cette Réalité qui la fonde, cet Etre qui la crée et sans lequel elle ne serait pas. Expérience, dirions-nous, *transconsciente*, au-delà des possibilités naturelles d'une conscience humaine et qui transcende nos catégories : elle n'en débouche pas moins sur un type particulier de connaissance amoureuse dans laquelle, au plus profond de sa nuit, le mystique découvre ce que François d'Assise appelait « la joie parfaite ». Mais, pour reprendre l'expression connue de saint Jean de la Croix, « c'est de nuit [12] ».

Hors du christianisme, certaines expériences que l'on pourrait qualifier de mystiques présenteraient des analogies avec ce que nous venons de décrire : il faudrait alors, dans chaque cas, préciser dans quel contexte se situent de telles expériences pour en dégager éventuellement la signification proprement religieuse. Notre propos n'est pas d'étudier pour eux-mêmes ces phénomènes, mais la suite de notre étude permettra au lecteur de mieux saisir en quoi des expériences apparemment semblables peuvent recevoir, suivant les contextes, des significations fort différentes. Nous y reviendrons.

2. Des moments de plénitude ?

Il n'est pas sans intérêt, croyons-nous, d'évoquer ici, par contraste, d'autres types d'expériences. Dans notre

---

12. Cf. G. Morel, *Le sens de l'existence selon saint Jean de la Croix,* *op. cit.*, tome II, p. 136.

monde sécularisé, de telles expériences se donnent parfois comme l'équivalent séculier de ce que les chrétiens nomment expérience spirituelle. Deux ordres de faits peuvent être allégués.

Des psychologues américains [13] ont décrit des expériences dites « de sommet » *(peak-experiences)*, expériences de paix et de joie intenses, moments de plénitude dans lesquels l'existence semble prendre un sens nouveau, tout cela étant ressenti comme un don venu « d'ailleurs », un peu comme l'inspiration poétique ou artistique, permettant de retrouver « une âme d'enfant ». De telles expériences apaisent l'anxiété au point que des guérisons peuvent avoir lieu. Ces expériences, note-t-on, n'ont pas de soi un sens proprement religieux, bien qu'il soit possible, dans certains contextes, de leur en attribuer un. D'autres expériences induites par des drogues ont pu aussi recevoir, de la même façon, un sens religieux, comme ce fut le cas, par exemple, dans certaines civilisations amérindiennes. L'accent est mis, dans ces divers cas, sur l'intensité du sentiment éprouvé et dans les effets, durables ou non, d'un tel sentiment, d'un tel ébranlement affectif, sur l'ensemble de la personnalité. L'éventuelle signification religieuse est ici tout à fait secondaire.

Certaines circonstances, d'autre part, peuvent provoquer chez des sujets qui y sont plus ou moins prédisposés, des émotions profondes dans lesquelles on a voulu parfois voir affleurer un certain « sens du sacré ». (Nous dirions plutôt « un certain sacré ».) Là encore, on peut s'interroger. Un spectacle naturel grandiose, majestueux ou même effrayant : haute montagne, mer immense, orage

---

13. Abraham Maslow, *Religion, Values and Peak-experiences*, Colombus, Ohio State University Press, 1964. Voir sur ce sujet les réflexions critiques d'A. Godin, *op. cit*, p. 105-110.

ou coucher de soleil... peuvent ainsi provoquer de telles émotions. La mort d'un être cher, une émouvante scène d'amour, bien d'autres circonstances, peuvent également faire surgir la conviction qu'il y a là « autre chose », que le spectacle visible révèle en quelque sorte de l'invisible. On est « saisi » : quelque chose semble se découvrir, qui dévoile une autre dimension que celle de la banalité quotidienne.

Connaissance intuitive d'une réalité surnaturelle ? Perception poétique d'un certain symbolisme de l'univers, de secrètes correspondances entre les hommes et les choses ?

> *L'univers est un temple où de vivants piliers*
> *Semblent parfois sortir de confuses paroles.*
> *L'homme y passe à travers des forêts de symboles...*

déclarait Baudelaire. Le poète, en effet, ne découvre-t-il pas quelque chose du mystère de l'univers ? Et ce mystère ne pourrait-il être révélateur d'autre chose, d'une Présence, peut-être une Présence personnelle ? Ce n'est évidemment pas exclu. Mais il faut remarquer que seule la référence au Dieu d'une religion instituée permettra de l'affirmer. Faut-il parler ici d'un certain « sacré » ? Sans doute, mais ce sacré reste inhérent, de soi, aux réalités naturelles et n'est pas nécessairement conçu comme transcendant. On a pu parler, à ce sujet, de religions « naturistes » ou « cosmo-vitalistes », dans lesquelles le « divin » qui se révèle à travers les réalités naturelles, ne s'en distingue que difficilement. A la limite, c'est le Cosmos, la Nature, qui sont considérés comme divins. Une certaine forme de panthéisme n'est pas loin.

Sens du sacré ? Présence divine ? Sentiment de respect devant la Nature ou le Cosmos ? Humilité devant le mystère de la Vie et de la Mort ? Tout cela se mêle sans doute et peut constituer une approche du Dieu vivant.

Mais, encore une fois, seule une Parole, une Révélation, pourra le dire. En attendant, le doute subsistera [14].

3. Dans l'unité du Saint-Esprit

Une religion instituée, disions-nous : mais les religions instituées sont-elles capables, de nos jours, de saisir l'homme au plus profond de lui-même, avec tout ce que cela comporte de capacité d'émotion, d'affectivité authentique, d'expression spontanée, etc. ? On pourrait en douter à voir, dans certaines paroisses, l'atmosphère pesante, pour ne pas dire passive, des assemblées dominicales... quand il y en a !

C'est dans ce contexte (un peu lourd !) que divers groupes de chrétiens apportent incontestablement du neuf. On pourrait, entre autres, évoquer les Focolari, dont le mouvement, lancé par Chiara Lubich, apporte au monde d'aujourd'hui un témoignage d'amour et d'unité dont le dynamisme est impressionnant. Mais c'est du côté du Renouveau (dit parfois : charismatique) que nous tournerons plutôt nos regards. La très grande variété des groupes qui s'y rattachent et leurs évolutions récentes exigeraient de longs développements et beaucoup de nuances dans les appréciations. De nombreux ouvrages ont déjà paru sur la question ; nous y renvoyons le lecteur [15].

---

14. Cf. sur ce point A. Vergote, *Religion, foi, incroyance, op. cit.*, p. 132-166 (« La perception religieuse du monde et le sens du sacré »).

15. Voir, par exemple, entre bien d'autres : Monique Hébrard, *Les nouveaux disciples* (Centurion, 1979) et *Les nouveaux disciples, Dix ans après* (Centurion, 1987). Plus récemment : Anne Devailly, *Les charismatiques* (Éd. La Découverte, 1990). Du côté du Renouveau : Brigitte-Violaine Aufauvre, Geneviève Constant et Etienne Garin, *Qui fera taire le vent ?*, Assemblées de prière charismatiques, Desclée de Brouwer, 1988. Bonne réflexion théologique dans : Francis A. Sulli-

Notre propos sera ici plus limité. Les lignes suivantes d'André Godin nous paraissent mettre en lumière quelques points importants et dégager quelques constantes.

Partant de la croyance, à coup sûr fondamentale dans le christianisme, que l'union entre les hommes et avec Dieu est déjà possible parce qu'elle est déjà donnée en Jésus-Christ et dans le mystère trinitaire, le Renouveau charismatique développe des assemblées de prière et quelques communautés de vie axées sur la louange. Thème ou sentiment du « Christ déjà là parmi nous » : tout témoignage sera le bienvenu pourvu qu'il renforce la conviction de cette expérience... L'Esprit Saint n'est-il pas évidemment à l'œuvre ? Cette évidence n'est-elle pas corroborée par un climat de spontanéité priante avec libération des gestes corporels au service de la prière ? N'est-elle pas exprimée par la gentillesse de l'accueil, proposée avec l'aimable audace d'un prosélytisme joyeux, confirmée, pour tout dire en deux mots, par une foi vive ? Comment résister à l'idée d'une immédiateté dans l'action de l'Esprit, puisqu'y surabondent les manifestations qui rejoignent les charismes considérés comme typiques des communautés primitives : glossolalies (parlers « en langues »), interprétations spirituelles ou prophétiques, imposition des mains restaurant, sinon, quelquefois, la santé, du moins la paix intérieure, etc. ? Comment nier que les fruits de l'Esprit s'y trouvent offerts à qui accepte de les saisir dans le groupe même [16].

Tout n'est pas dit en ces quelques lignes. Des thèmes majeurs s'y trouvent cependant soulignés, thèmes qui doivent nous faire réfléchir.

Climat de groupe où dominent la joie, la louange, l'action de grâces, importance d'un sentiment, basé sur une conviction, de communion profonde entre les membres, appel aux témoignages personnels pour encourager

---

van, *Charisme et Renouveau charismatique, Une étude biblique et théologique* (Préface du Cardinal Suenens), trad. de l'américain, « Pneumathèque », 1982.

16. André Godin, *Psychologie des expériences religieuses, op. cit.*, p. 120.

et conforter les participants, certitude partagée que l'Esprit de Dieu est à l'œuvre, etc. : que des transformations spirituelles, psychologiques et même physiques puissent s'opérer dans un tel climat ne saurait être contesté. Le psychologue ne pourra néanmoins s'empêcher de suggérer quelques remarques.

Les assemblées du Renouveau ont redécouvert l'importance d'une participation affective intense au sein du groupe et en chacun de ses membres. On avait, dans le passé, trop délaissé cette dimension essentielle de l'être humain pour qu'on puisse regretter l'accent mis sur le vécu affectif. Ce vécu est surtout fait de sentiments à tonalité positive : joie, paix, jubilation... et tend à aboutir, dans le groupe, à une certaine unanimité. Les discordances, de ce fait, tendent à s'apaiser. Mais, pour cela, on aura tendance à éviter les discussions ainsi que l'expression de sentiments négatifs (révolte, angoisse, désespoir...), sinon pour les transformer immédiatement en prière. Il est vrai qu'il y a d'autres temps et d'autres lieux où d'autres types de rapports sont possibles. Mais l'assemblée de prière comme telle n'est pas normalement le lieu où ils peuvent trouver à s'exprimer. Chaque chose en son temps !

Rien de tout cela n'est évidemment criticable... à certaines conditions : qu'on n'identifie pas immédiatement un climat affectif paisible et joyeux avec la présence, non moins immédiate de l'Esprit Saint (rappelons ici ce que nous disions plus haut des « moments de plénitude » décrits par Maslow) ; qu'on prenne aussi conscience des *médiations* à travers lesquelles se réalise l'expérience : climat de groupe, techniques d'animation, réactions psychosomatiques, etc.

Un point important doit être souligné : il faut éviter que l'aspect « instantané », relativement « hors du temps », de l'expérience, en arrive à évacuer l'histoire, l'histoire

« concrète », celle de chacun des membres, celle de la grande Église, celle de la société dans laquelle on vit, avec ses bons et ses mauvais côtés, ses joies, mais aussi ses tristesses et son poids de péché, l'histoire enfin de Jésus-Christ, certes ressuscité, mais qui est né, a vécu, travaillé, souffert parmi les hommes avant de mourir sur la croix. Aucun de ces points n'est nié bien sûr, par les membres du Renouveau (ils ne seraient pas chrétiens sans cela !), mais il n'est pas inutile de le rappeler pour éviter toute distorsion regrettable. Bien des responsables du Renouveau l'ont d'ailleurs bien compris et en tiennent compte. Encore faut-il que l'enthousiasme n'exclue pas la lucidité et, pour reprendre les termes d'A. Godin que nous citions dans les pages précédentes, que l'expérience comme émotion ressentie ne cesse de se transformer en expérience comme « synthèse active », ce qui demande que l'on prenne en compte le temps, les médiations techniques, mais aussi les éléments « négatifs » qu'il serait dangereux, à la longue de méconnaître ou de refouler : la lutte, l'affrontement, le conflit, font aussi partie de l'expérience.

« Qu'ils soient un », demandait Jésus dans sa prière (Jn 17,22). Cette volonté de « faire unité » (selon l'expression chère aux Focolari) doit sans doute être prise très au sérieux et représente une des dimensions fondamentales de l'existence chrétienne. Mais un certain désir trop immédiat d'unanimité pourrait, ici ou là, gommer les différences et esquiver les nécessaires confrontations. Quand des psychologues parlent, à propos de certains groupes, de *jubilation fusionnelle*, ils évoquent, en le caricaturant parfois, une sorte d'« unanimisme », où, selon le mot du psaume, « tous ensemble ne font qu'un » (Ps 121,3). « Un seul cœur, une seule âme » (Ac 4,32) : c'est un magnifique idéal. Il ne faudrait pas croire qu'il puisse se réaliser sans passer par une difficile acceptation des uns par les autres, à travers d'inévitables oppositions. Cela ne se fait ni en une heure ni en un jour !

On pourrait, en contrepoint, évoquer ici ces *communautés de base*, d'Amérique latine ou d'ailleurs, qui dans la ligne d'une certaine « théologie de la libération », tentent de vivre, maladroitement peut-être, mais aussi chrétiennement que possible, luttes et conflits dans lesquels elles sont engagées. Pour elles, quelles que puissent être les ambiguïtés ou les compromissions qu'on leur a reprochées (à juste titre parfois), Dieu est bien dans l'histoire, dans cette histoire que font les hommes, pour le meilleur ou pour le pire, une histoire dont on ne s'évade pas, fût-ce pour prier, car elle constitue la trame même de l'existence. C'est dans le combat pour la justice, dans les efforts quotidiens en vue d'une vraie libération, que se vivent la présence et l'action de Dieu. Hors de là, tout risque de n'être qu'illusion et dérobade devant les responsabilités. Dans ces communautés et dans les mouvements qui s'en inspirent, on se méfierait plutôt d'une attitude spirituelle qui, sous prétexte d'espérance, priviligierait indûment le « déjà là » au détriment du « pas encore ». Célébrer l'espérance, dans ces perspectives, paraît indissociable d'une lutte incessante, à travers échecs, incompréhensions, souffrances, oppositions (même à l'intérieur des groupes !), une lutte qui ne fait fi d'aucune des médiations techniques, économiques, politiques, considérées comme indispensables pour tenter d'améliorer la situation. Le temps, dès lors, joue un grand rôle ! Le temps, la patience, et « l'espérance contre toute espérance » !

Il serait ridicule d'opposer, sans plus, « groupes charismatiques » et « communautés de base », « jubilation fusionnelle » et « excitation conflictuelle » (Godin), joie dans l'Esprit « présent parmi nous » et lutte pour la dignité humaine, bonheur de croire et de se savoir aimé

de Dieu et combat pour la justice... Il est permis de voir
là, dans des contextes différents, comme deux directions
complémentaires qui, sans forcément s'exclure, ne sont
pas réductibles l'une à l'autre et ont chacune leurs chances et leurs dangers.

Il nous a suffi de montrer le caractère problématique
d'une certaine *immédiateté* de l'action divine : de quelque
nature qu'elles soient, techniques, politiques, sociologiques
ou psychologiques, les *médiations* ont toujours leur rôle
à jouer. Qu'on en ait ou non conscience, elles sont toujours là : mieux vaut, sans doute, en être conscient.

Dieu entre-t-il à l'improviste ?

Que dire alors de ces circonstances que nous évoquions
ci-dessus, et dans lesquelles Dieu semble survenir comme
à l'improviste dans une existence humaine ? N'y a-t-il pas
des conversations soudaines, celle de Paul au chemin de
Damas, celle de Claudel à Notre-Dame de Paris, celle
d'André Frossard *(Dieu existe, je l'ai rencontré)* et tant
d'autres dont l'histoire a pieusement conservé les récits ?
De telles expériences sont trop bien attestées, même en
tenant compte des idéalisations dues à la plume des hagio-
graphes, pour qu'on puisse les nier. Encore faut-il les
interpréter correctement !

Tout d'abord, de tels faits sont presque toujours, sinon
toujours, rapportés après coup, parfois longtemps après
les événements ; ils sont donc déjà, dans une certaine
mesure, interprétés par celui qui les rapporte et qui les a
vécus. Ils sont donc toujours situés dans un itinéraire exis-
tentiel, au sein d'influences reçues ou subies, à commencer par un milieu familial, une éducation, des rencontres,
dont on ne perçoit pas toujours l'impact. Tant de choses,

tant de réactions, peuvent se produire à l'insu même du sujet. « Dieu, comme on l'a dit, peut toujours entrer à l'improviste [17] », mais, même dans ce cas, celui de la « consolation sans cause précédente », selon le mot d'Ignace de Loyola, nous sommes prévenus : il y a l'action de Dieu (Ignace n'en doute pas !) et il y a ce que nous en faisons immédiatement après ; là encore, la psychologie humaine est à l'œuvre ! Prenons garde de ne pas trop vite prendre nos pensées ou nos imaginations personnelles pour des révélations divines [18] ! Là encore, nous dit-on, il faut examiner soigneusement la suite des pensées, celle des événements... et ne pas conclure trop rapidement à une intervention surnaturelle là où il n'y a peut-être qu'une idée surgissant de notre inconscient. Être lucide n'est jamais superflu.

---

17. Jean Gouvernaire, *Quand Dieu entre à l'improviste, L'énigme ignatienne de la consolation sans cause*, Desclée de Brouwer, 1980 ; repris et nuancé dans : *Un discernement plus subtil*, Supplément *Vie chrétienne* n° 339 (1990), p. 11-12.
18. *Exercices spirituels*, n° 336.

3. Rencontrer Dieu dans la prière
Illusion ou réalité ?

Rencontrer Dieu, faire l'expérience de sa présence, de son action, de son amour : à certains, cela paraît aller de soi, c'est presque une évidence. *Dieu existe, je l'ai rencontré* : que dire après une telle déclaration ? Que faire, sinon rendre grâces, adorer, supplier, en un mot, prier ? La seule attitude possible, en face de ce Dieu qui se révèle, n'est-elle pas une attitude d'humble prière ? Et n'est-ce pas dans la prière que se fait normalement pour le croyant, la rencontre de Dieu ? Ici encore, pourtant, quelques questions se posent : qu'est-ce que prier ? qu'est-ce que prier Dieu ? quel est ce Dieu auquel on prétend s'adresser ? que lui demande-t-on ? quels désirs s'expriment ou se trahissent dans nos prières ? et, finalement, cette prière dont on prétend qu'elle nous permet d'entrer en communication avec Dieu, ne se réduit-elle pas à un dialogue imaginaire, à la projection de nos propres fantasmes, bref à une pure illusion ? Questions sérieuses, qui ne peuvent laisser le croyant indifférent : que peut-il savoir de la vérité, de la réalité de ses expériences spirituelles ? Comment peut-il être certain que Dieu est là, qu'il lui parle, qu'un véritable dialogue s'établit, même dans le silence ? L'expérience ne démontret-elle pas qu'il s'agit plus habituellement d'un monologue ? Dieu, si Dieu il y a, ne répond pas... et on en est réduit à imaginer ses réponses ! Notre imagination, certes, n'est jamais à court en ce domaine, mais, comme nous faisons à la fois les questions et les réponses, tout débouche sur du vide, vaine est ce que nous appelons notre prière, vains nos efforts. On a envie de reprendre la formule du téléphone : « Il n'y a pas d'abonné au numéro que vous demandez ! » Le psalmiste ne disait-il pas : « Où est-il ton Dieu ? » (Ps 41,4) ? « Ton Dieu » : quel Dieu ?

En quel Dieu croyons-nous ?

Prier est de toute façon un acte de foi : « La foi est une manière de posséder déjà ce qu'on espère et un moyen de connaître des réalités qu'on ne voit pas... Celui qui s'approche de Dieu doit croire qu'il existe et qu'il récompense ceux qui le cherchent » (He 11). Ces formules de l'épître aux Hébreux posent, à vrai dire, tout le problème. Ce qui est ici exprimé en termes de foi pourrait tout aussi bien l'être en termes de croyance : le mot « croire », en français, peut tout aussi bien signifier une foi, au sens strict (« Je crois en Dieu ») qu'une opinion plus ou moins fragile (« Je crois qu'il en est ainsi », ce qui veut dire : « Je n'en suis pas certain »). De quoi s'agit-il donc dans la prière ? De foi ou de croyance..., à la limite de superstition ? Certaines invocations à sainte Rita, à saint Antoine de Padoue, voire à la Sainte Vierge, peuvent quelquefois, à tort ou à raison, nous laisser sceptiques. On croit à l'efficacité de certains gestes ou de certaines formules comme on croit à celle des amulettes ; on croit à la « réalité » de certaines apparitions comme on croit à l'existence d'extra-terrestres...

Caricatures ? Sans vouloir jeter aucun discrédit sur la sincérité de ces attitudes et de ce qu'on nomme, avec quelque équivoque, la « religion populaire », il est permis de se demander de quelle foi il s'agit au juste, sur quoi elle s'appuie, quel en est l'objet, ce qu'on attend d'elle. Et si on répond que tout cela renvoie, en dernier ressort, à une foi en Dieu, ce Dieu qui donne aux saints un certain pouvoir, de quel Dieu, encore une fois, s'agit-il ? Comment se le représente-t-on ? « Pour vous, qui suis-je ? », demandait Jésus à ses disciples (Mt 16). La même question nous est posée. Qui prions-nous ? Pourquoi prions-nous ? Comment prions-nous ?

« Je crois en seul Dieu, le Père tout-puissant », redisons-nous souvent dans le *Credo*. « Un seul Dieu ? » Que mettons-nous sous ce mot ? Y a-t-il vraiment, au niveau de nos représentations, un seul Dieu ? Bien des gens invoquent « Dieu » : quel sens donnent-ils à ce terme ? La grande diversité des religions et des cultures devrait déjà nous alerter ! Dieu : encore une fois quel Dieu ?

Quand on affirme, par exemple, que nous avons le même Dieu que les juifs ou les musulmans, le Dieu d'Abraham, on se réfère à une donnée biblique et, en ce sens, la formule est parfaitement admissible. Mais quand le chrétien évoque, en faisant le signe de croix, le mystère du Calvaire et celui de la Sainte Trinité, du Dieu Père, Fils et Esprit, ni le juif ni le musulman ne s'y reconnaissent : le Dieu du Coran n'est pas celui de Jésus-Christ et le dialogue judéo-chrétien, pas plus que les rencontres islamo-chrétiennes, n'arrive à effacer les différences ! Que dire alors des autres religions, animistes, hindouistes, bouddhistes, etc. ? Le divin, pour ne pas dire Dieu, prend alors de tout autres figures ! Il n'est que de constater les difficultés auxquelles se heurtent les missionnaires quand il faut simplement traduire « Dieu » dans d'autres langues et d'autres contextes culturels.

Même en contexte chrétien, que de nuances à apporter selon les époques, les traditions familiales, les milieux sociaux, les écoles spirituelles, les mentalités! Il suffirait de comparer les catéchismes, les recueils de sermons, les ouvrages de spiritualité pour s'en convaincre. Est-ce toujours le même Dieu?

Allons plus loin: chacun de nous ne se fait-il pas, consciemment ou non, des images ou des représentations de Dieu au gré de sa psychologie personnelle? Que de désirs, avoués ou inavoués, que de craintes, d'espoirs, de révoltes ou de découragements, infiltrent, le plus souvent à notre insu, notre relation à Dieu! Que devient, dans ces conditions, notre prière? Est-ce vraiment Dieu ou quelque image de Dieu que nous rencontrons?

Le Dieu que chacun prétend prier n'est-il pas, en fait, un simple reflet de nos désirs? Quand nous croyons l'atteindre, ne sommes-nous pas, en réalité, le jouet de nos illusions?

Illusion! On connaît, sur ce point, les impitoyables accusations portées par Freud contre la religion chrétienne. Le titre d'un de ses livres n'est-il pas significatif: *L'avenir d'une illusion*? Et ce thème ne revient-il pas constamment sous sa plume?

La religion, selon Freud, serait

ce système de doctrine et de promesses prétendant, d'une part, éclairer toutes les énigmes de ce monde avec une plénitude enviable et assurer l'homme, d'autre part, qu'une Providence pleine de sollicitude veille sur sa vie et s'appliquera à le dédommager, dans une existence future, des privations subies ici-bas... En fixant de force ses adeptes à un infantilisme psychique et en leur faisant partager un délire collectif, la religion réussit à épargner à quantité d'êtres humains une névrose individuelle, mais c'est à peu près tout [1].

---

1. Sigmund Freud, *Malaise dans la civilisation*, trad. franç., PUF, 1971, p. 17 et 31.

D'ailleurs, ajoute-t-il,

la psychanalyse nous a montré que le Dieu personnel n'est pas autre chose, psychologiquement, qu'un père transfiguré... Dieu juste et tout-puissant, la Nature bienveillante, nous apparaissent comme des sublimations grandioses du père et de la mère... La religiosité est en rapport biologique avec le long dénuement et le continuel besoin d'assistance du petit enfant humain [2].

Imaginations délirantes, infantilisme, crédulité naïve, mentalité d'assisté, les mots sont durs et le chrétien ne peut que réagir : injustice, caricature, mauvaise foi, ou, en tout cas, fausse interprétation de la foi... La réaction est compréhensible et Freud n'a jamais caché son incroyance. Mais, derrière ce qui apparaît de prime abord comme un procès d'intention, ne peut-on discerner une interrogation plus subtile ? Quelle est exactement la place que tiennent nos désirs humains dans ce que nous appelons la prière ? Quel rôle jouent-ils dans une démarche que nous voudrions « purement spirituelle » ? Jusqu'à quel point interviennent-ils dans nos représentations de Dieu ou du Christ, dans nos façons d'agir ou de penser, dans nos décisions elles-mêmes ? Nous cherchons la volonté de Dieu ? Quelle volonté ? Est-ce vraiment la sienne ou lui prêtons-nous subrepticement la nôtre ? Comment ne pas s'interroger ? N'y a-t-il vraiment rien, dans nos attitudes spirituelles, qui puisse donner prise aux objections freudiennes ? Il vaut sans doute la peine d'y regarder de plus près !

2. Sigmund Freud, *Un souvenir d'enfance de Léonard de Vinci*, « Idées », Gallimard, 1977, p. 124-125.

Retour à l'enfance ?

S'il est vrai que le reproche d'infantilisme, que Freud adresse au croyant, est, dans bien des cas, injuste, il n'en demeure pas moins que le désir humain, qui ne cesse de nous habiter, même (surtout ?) quand nous prions, plonge toujours ses racines dans notre enfance. Quoi que nous fassions, il reste toujours quelque chose de cette lointaine origine dans nos désirs d'adultes. L'enfant, en chacun de nous, n'a jamais complètement disparu et il serait facile, même en dehors des cas franchement pathologiques, de discerner des traces d'un certain infantilisme dans nos conduites en apparence les plus raisonnables et les plus spirituelles. « L'enfant est le père de l'homme », a-t-on dit fort justement, et le désir de l'homme est toujours d'abord le désir de l'enfant qu'il a été... et qu'il ne cesse d'être au fond de lui-même !

C'est en effet aux tout premiers temps de l'existence, dans les toutes premières relations, que s'édifie le sujet humain et, d'entrée de jeu, il ne peut s'édifier que comme *sujet désirant*. Sans vouloir retracer ici l'itinéraire sinueux et complexe, que doit emprunter tout petit d'homme pour accéder (difficilement !) à son statut de sujet humain, libre et responsable (et que d'êtres humains, malmenés par les circonstances, n'y parviennent qu'à grand peine, voire pas du tout !), nous nous contenterons de rappeler quelques-unes des principales étapes de cet itinéraire, à seule fin de repérer certains aspects de ce désir humain, susceptibles de venir colorer ou infléchir ce que nous appelons « désir de Dieu ».

Nul besoin d'être psychanalyste pour constater que la première et la plus fondamentale des relations que le bébé noue avec le monde extérieur est celle qui le relie à sa mère. Dès avant sa naissance et dans les premiers mois de son existence extra-utérine, l'enfant est entièrement dépendant de celle qui, selon une expression qui prend ici tout son sens, « lui donne la vie ». Dans ces conditions, on le comprend aisément, il importe au plus haut point, pour la bonne structuration du sujet et la « qualification » de son désir, que la mère soit « suffisamment bonne », attentive et aimante : toute carence, à ce stade, aura des conséquences désastreuses [3].

Primum vivere, disaient les anciens philosophes : d'abord vivre, on pourrait même dire : survivre, car il s'agit pour le nouveau-né d'une question de vie ou de mort. Pour lui, vivre, c'est d'abord s'alimenter, boire et manger, ce qui va marquer durablement la première relation à la mère : elle est d'abord la « nourrice », celle qui nourrit. Les psychanalystes parleront à ce sujet de *position orale*, puisque c'est par la bouche que l'enfant reçoit de sa mère, non seulement le lait, la nourriture, mais encore l'affection, l'amour prévenant, dont il n'a pas moins besoin. Ce lien d'amour entre l'enfant et la mère a reçu, dans le vocabulaire de certains analystes, le qualificatif d'*anaclitique*, ce qui signifie que le premier *prend appui* sur la seconde. Sans cet appui (le *holding* décrit par Winnicott), nulle survie ne serait possible. On reconnaît là le besoin d'aide et la « continuelle dépendance de l'enfant humain » signalés par Freud dans les textes cités plus haut.

Dès lors, si ces besoins élémentaires (et d'abord alimentaires) sont convenablement satisfaits, la mère apparaîtra comme une sorte de présence tutélaire, toute-puissante :

---

3. Cf. Donald W. Winnicott, *Jeu et réalité*, L'espace potentiel, Gallimard, 1975, p. 19-21 —, et les autres ouvrages du même auteur : *De la pédiatrie à la psychanalyse* (Petite Bibliothèque Payot 253), *Processus de maturation chez l'enfant* (*ibid.*, 245)... ; sans parler des travaux bien connus de Françoise Dolto.

il suffit de demander pour obtenir ! Dès lors aussi, le désir de l'enfant ne connaît pas *de soi* de limites : les moyens techniques ne l'intéressent pas, le temps ne compte pas, tout lui est dû, son désir se fait impérieux et avide, son avidité même est sans mesure. Il voudrait tout et tout de suite, exigerait d'être satisfait (Freud parlerait du *principe de plaisir*), se refuse à l'attente et au partage : sa mère ne lui appartient-elle pas tout entière ? Que pourrait-on refuser à « sa majesté le bébé » (Freud) ?

Une telle situation, on s'en doute, ne saurait durer ; elle ne saurait même exister « à l'état pur » : la mère se fait attendre, elle a d'autres soucis, peut-être d'autres enfants ; le père est là, surtout qui a son mot à dire et dont le lien à la mère est, bien entendu, premier, le père, dont la simple présence structure toute la constellation familiale et introduit la Loi. Il faudra attendre, partager, se soumettre, renoncer aux satisfactions exclusives ou immédiates : vivre, oui, mais vivre avec d'autres, tenir compte des autres, savoir se situer à sa place et seulement à sa place, sa place d'enfant, de fils ou de fille, de frère ou de sœur ; on n'est plus l'unique, mais « un parmi d'autres [4] ».

Ce n'est pas toujours facile à accepter, mais la vie sociale, la vie humaine, tout simplement, est à ce prix. La Loi du père vient comme traverser la relation primordiale à la mère et, sans l'annuler, lui donner désormais une autre portée.

Dieu Père ou Dieu Maman ?

Présence tutélaire, aimante, toute-puissante, d'une part, ou autorité législatrice, juge qui « tranche » inexorable-

---

4. Cf. Denis Vasse, *Un parmi d'autres*, Seuil, 1978.

ment, de l'autre : ces deux séries de qualificatifs ne sont-ils pas spontanément, selon les circonstances et les tempéraments, appliqués à Dieu, pour peu qu'une éducation ou quelque rencontre fasse intervenir ici des « signifiants religieux » ? Nous réservant de revenir plus loin sur les aspects paternels, autoritaires, de la représentation de Dieu, insistons quelque peu sur la dimension « maternelle ». Des études récentes ont bien montré que cette dimension n'est nullement absente des images de Dieu que se font les croyants, même s'ils sont habitués à nommer Dieu leur « Père » [5].

Un « Dieu Mère », un « Dieu maman », pour un chrétien, est-ce concevable ? Si l'expression semble étonnante, rappelons que la Bible elle-même semble parfois y faire allusion : « Vous serez allaités, portés sur les hanches (nous sommes en Orient !), cajolés. Il en sera comme de quelqu'un que sa mère réconforte ; c'est ainsi que moi je vous réconforterai », dit le Seigneur Dieu (Is 66,13). Dieu nourrit son peuple, lui donne chaque jour la manne au désert ; Jésus se donnera lui-même, il donne son corps (Jn 6). « La femme, lorsqu'elle enfante, dira Jésus au moment de sa Passion, est dans la douleur » (Jn 16,21). Le Verbe fait chair reprend ici des images de l'Ancien Testament. Mais toutes ces images n'ont-elles pas une sorte de « saveur maternelle » ? « Papa le bon Dieu », l'expression chère à Thérèse de Lisieux, ne lui a-t-elle pas été inspirée par de tels textes ? En vérité, une telle représentation de Dieu, d'une Providence toujours attentive et bienveillante (encore Freud !) n'a-t-elle pas toujours quelque chose de maternel ? Il semble bien difficile de le nier.

Qu'une telle représentation de Dieu, qu'elle soit consciente ou non, comporte certains risques, c'est l'évidence !

5. Cf. Antoine Vergote, *Religion, foi, incroyance, op. cit.*, p. 199-208.

Sans parler d'un « providentialisme » excessif qui, en fait, ferait de Dieu un simple distributeur de bienfaits et le mettrait au service des désirs, pour ne pas dire des caprices, de l'être humain, il pourrait exister une tendance à se montrer tellement avide des « grâces » divines qu'on finirait par oublier la distance qui sépare la créature de son Créateur. Certains passages des *Manuscrits autobiographiques* de sainte Thérèse de l'Enfant Jésus pourraient, sur ce point, induire en erreur : mettre en Dieu toute sa confiance et compter, de façon presque « automatique » sur les « signes » ou des « faveurs » à caractère miraculeux (la neige tombant juste le jour de la profession, etc.) sont deux choses totalement différentes. Thérèse, sans doute, ne s'y est pas trompée, mais le lecteur inattentif pourrait s'y laisser prendre. Une certaine façon de « compter toujours sur la Providence », si elle peut être une marque de foi, peut aussi manifester une dérobade devant les responsabilités à assumer, une attitude infantile qui préfère s'en remettre à un autre plutôt que de se prendre en mains !

Certaines prières, pour obtenir un succès, une meilleure santé, une protection..., ne vont-elles pas dans ce sens ? Prier n'a jamais dispensé de faire effort et de travailler ! « Aide-toi, le Ciel t'aidera » : la formule est toujours valable.

Un océan d'amour ?

Comme l'enfant qui aurait voulu sa mère toute à lui, au point de s'enfouir en elle, d'annuler entre elle et lui toute distance —, ce que des analystes dénomment « le retour au sein maternel », de même une certaine « mystique » prétendrait parvenir à une « union à Dieu » qui, à la limite, supprimerait toute distance, voire toute différence. « Dieu tout en tous », « vous êtes des dieux », « participants de la nature divine », de telles expressions, qui ont un sens parfaitement acceptable, sont reprises par des mystiques pour lesquels l'idéal est une sorte de « fusion » totale entre l'âme et Dieu. « On se perd en Dieu », disent-ils, on ne fait plus qu'un avec Lui... Sans doute faut-il faire la part des expressions hyperboliques chères à certains auteurs : on en trouverait de semblables chez les poètes ou les romanciers. Reste que se dessine ici une certaine tendance sur laquelle il n'est pas inutile d'attirer l'attention.

Dans les premières pages de son livre *Malaise dans la civilisation*, Freud fait mention de sa correspondance avec un ami (Romain Rolland) à propos de son ouvrage précédent : *L'avenir d'une illusion*. L'ami en question lui reproche d'avoir méconnu la principale source (selon lui) du sentiment religieux, « source captée par les diverses Églises et les multiples systèmes religieux... ». Cette source, il l'appellerait volontiers la sensation d'éternité, quelque chose d'illimité, d'infini, en un mot d'*océanique*... Il s'agirait, poursuit Freud, d'un sentiment « d'union indissoluble avec le Grand Tout, d'appartenance à l'universel ». De telles expressions rappellent étrangement les conceptions que l'on trouve non seulement, nous le notions, chez certains « mystiques », mais aussi dans certaines conceptions extrême-orientales de l'expérience spirituelle, certains aspects du bouddhisme, de l'hindouisme, ayant plus ou moins marqué des techniques comme le *yoga*, le *zen*, etc.

Nous ne songeons aucunement à nier l'intérêt et la valeur de rapprochements entre la spiritualité chrétienne (occidentale) et les spiritualités (ou les techniques) venues d'Extrême-Orient ; nous pensons, au contraire, que de tels échanges peuvent être fort enrichissants pour un Occident qui a peut-être négligé des aspects importants de la réalité spirituelle.

Il nous suffit de souligner que, dans cette ligne de pensée, c'est, au fond, au *symbole maternel* qu'on se réfère, et ce symbole, comme tout symbole, est polyvalent.

C'est un point que Freud, pour des raisons diverses qui tiennent probablement à son itinéraire personnel, a relativement peu souligné, mais que nous trouvons, au contraire, à la base d'un système comme celui de Carl-Gustav Jung.

Dans une mentalité « participative », les religions célèbrent l'union avec la nature et avec le mystère vital du cosmos. Les images maternelles abondent dans leurs rites et leurs chants religieux. N'est-ce pas que le mystère divin, centre fécond de la *nature*, y est ressenti à travers le symbole archaïque du lien maternel ? — La mère est donc bien symbole à consonance profondément religieuse... (Elle) est le symbole de la totalité primordiale de l'harmonie universelle, du ressourcement vital, du bonheur qui apaise les nostalgies. Sublimée, l'image maternelle symbolise le « pays » auquel aspire le désir religieux [6].

Réduire toute la mystique à cette seule dimension serait profondément injuste. En climat chrétien, surtout, cette référence que nous avons désignée comme maternelle, est constamment corrigée par la non moins indispensable référence paternelle. La relation à un Dieu *personnel*, qui s'est révélé en Jésus Christ son Fils, devenu homme parmi les hommes (« un parmi d'autres »), empêche, sans nul doute, la spiritualité chrétienne de dériver vers on ne sait quelle *régression*, « retour au sein maternel », « au sein de la Nature », « perte de soi dans le Grand Tout », etc. Mais la nostalgie du paradis perdu demeure vivante à l'arrière-plan et ce pourrait être, pour certains, une redou-

---

6. Antoine Vergote, *Psychologie religieuse*, Dessart, 1966, p. 168-171.

table tentation. Le désir de ceux qui s'aiment n'est-il pas, comme on le dit parfois, de « ne faire plus qu'un » ? Tentation d'une unité dans laquelle se fondraient tous les êtres, s'aboliraient toutes les différences, se perdraient toutes les individualités, dans « un océan d'amour » ! Un bonheur, peut-être, le bonheur de tout oublier, de voir se dissoudre toutes les limites, le bonheur du *nirvâna*. Un tel bonheur peut avoir quelque chose de fascinant au regard de toutes les souffrances, de toutes les « difficultés d'exister », mais il risque de déboucher sur le néant.

Sans aller si loin, ne faut-il pas prendre en considération, au-delà des simplismes et des outrances, les critiques adressées par Freud à la religion, pour lui comme pour Marx « opium du peuple [7] ». L'être humain supporte mal les inévitables frustrations de l'existence, les limitations et les renoncements imposés par la vie en société, les souffrances, les séparations, les deuils, la maladie, la mort, etc. Il cherche donc à se rassurer, à se consoler, à s'évader peut-être : la religion est là précisément pour lui offrir, au moins « en espérance », toutes les garanties nécessaires ! Le monde est injuste, méchant, violent, dominé par le mal ? Il y a (donc) quelque part une justice, une providence, un dédommagement promis, et même « une autre vie » ! Le désir de bonheur, d'un bonheur goûté en plénitude, le désir de vie, et d'une vie sans fin, voilà qu'il trouve facilement sa réalisation... imaginaire ! Car, comme pour le jeune enfant, comme pour le rêveur, il s'agit bien d'un *rêve*, un beau rêve, c'est vrai, mais un rêve, « réalisation hallucinatoire du désir » ! Serait-ce là la religion ?

---

7. Sigmund Freud, *L'avenir d'une illusion*, trad. franç., PUF, 1971.

Un Dieu différent?

Rêve ou réalité? Reconnaissons loyalement que subsiste toujours en chacun de nous une part de rêve: nous ne cessons de nous défendre contre ce qui nous paraît être injuste, immérité ou trop lourd à porter. Nous préférons spontanément fuir cette dure réalité qui est celle de notre vie et nous réfugier dans le domaine de l'imaginaire, un imaginaire qui peut prendre bien des formes, depuis la croisière « aux îles fortunées », jusqu'aux diverses techniques qui « portent chance »: paris, jeux de hasard, superstitions diverses, lectures ou spectacles qui nous transportent pour un moment dans un autre univers, etc. Le mot même de *fiction* (ne parle-t-on pas de *science-fiction*?) est, dans ces perspectives, hautement significatif. Parmi toutes ces méthodes, une certaine forme de religion a un rôle important à jouer: telle croyance, telle forme de prière, tel rite, ne sont-ils pas considérés comme des « porte-bonheur », des gestes plus ou moins magiques? Les sacrements eux-mêmes peuvent prendre un sens analogue! Leur efficacité, affirme-t-on, n'est-elle pas assurée? Illusion? Peut-être, mais illusion tenace, car elle rejoint le plus profond et le plus indéracinable désir humain!

Dès lors, peu importent les démentis éventuels de la réalité.

Une croyance est une illusion, note encore Freud, lorsque dans sa motivation, la réalisation d'un désir est prévalente et que de ce fait, on ne tient pas compte des rapports de cette croyance avec la réalité, tout comme l'illusion elle-même renonce à être confirmée par la réalité [8].

---

8. Sigmund Freud, *L'avenir d'une illusion*, *op. cit.*, p. 83-84.

Une croyance illusoire n'est pas nécessairement fausse, ajoute Freud ; elle est seulement invérifiable, mais surtout, c'est le point important, elle ne tient *aucun compte du réel*. On est en plein irréalisme ! Au gré de ses désirs, on ne vit plus que dans l'imaginaire !

Prévenons ici une objection. Toute religion, bien sûr, doit saisir l'homme dans son désir d'homme, elle doit « parler au désir ». Faute de quoi, elle ne dirait rien à personne, elle resterait totalement coupée de l'humain, sans prise sur lui, donc sans intérêt. La religion, et donc toute spiritualité qui s'y réfère, doit pouvoir rejoindre l'homme en son désir le plus profond. A certaines conditions, cependant !

Il faut que le désir humain se laisse transformer, changer en un autre désir, le désir de l'Autre ! *Dieu dans sa différence, Dieu différent* : ces formules abstraites renvoient à une expérience fondamentale dans le christianisme. Il s'agit d'un Dieu Autre, d'un Dieu déconcertant, déroutant, imprévisible en ses desseins, non seulement un Dieu qui surprend, mais un Dieu qui dérange... Des psychologues comme Jean Piaget affirment que l'enfant, pour accéder à un mode d'intelligence adulte, doit prendre en compte le point de vue d'autrui, sortir de lui-même et de ses vues étroites, cesser de tout envisager de son propre point de vue, de se considérer comme le centre du monde : il lui est nécessaire de « se décentrer ». Des psychanalystes pensent de même : le petit d'homme n'est « qu'un parmi d'autres » et ne doit plus croire que tout lui est dû. Il en va de même pour l'homme devant Dieu : il doit accepter de se laisser de quelque manière désorienter, pour pouvoir peu à peu s'ouvrir à un Désir qui n'est pas le sien et faire, non sa volonté (encore moins « ses quatre volontés » !), mais la volonté de Dieu.

La même leçon se dégage de l'Évangile : Jésus, le Fils

de Dieu, le Bien-aimé du Père, refuse les facilités, les interventions spectaculaires, la réussite à bon compte (Mt 4,1-11). Il ne parle ni n'agit de lui-même, ne cesse de se référer à son Père (Jn 4,34 ; 8,29 ; 12,50...), soumet (à quel prix !) sa volonté à celle du Père (Mc 14,36 et par.), déconcerte son entourage, amis et ennemis, en refusant de s'identifier au Messie triomphant qu'on attendait. Il est toujours *autre* que ce qu'on imaginait. Bien plus, il s'identifie de préférence à ceux qu'on ne regarde même pas, à ceux dont on se détourne : pauvres, lépreux, « possédés », exclus et marginaux de toutes sortes. « Ce que vous aurez fait à l'un de ces petits : miséreux, affamés, prisonniers, malades, étrangers..., c'est à Moi que vous l'aurez fait » (Mt 25). Où donc rencontrer Dieu en vérité, dit Jésus, sinon dans la rencontre de celui dont je me fais le prochain (Lc 10,29-37), l'étranger, le mal aimé, l'être souffrant à qui j'ose ouvrir mes mains et mon cœur ? C'est dans la mesure où il me force à sortir de moi-même et de mes rêves, que le prochain, mon « autre », peut m'ouvrir à un Autre, au-delà de toute illusion, au vrai Dieu !

Le vrai Dieu, redisons-le, est un Dieu qui dérange : une vie douillette et médiocre, fermée sur elle-même et ses petits intérêts, une prière routinière qui ne m'oblige jamais à faire effort, à sortir des ornières dans lesquelles je reste embourbé, aussi bien qu'une prière uniquement intéressée, centrée sur mon profit personnel, fût-il qualifié de « spirituel » (car il y a un confort spirituel comme il y a un confort physique !), rien de tout cela ne me fait rencontrer Dieu en vérité. Je ne rencontre alors que moi-même et une image de Dieu que je me fabrique ; il n'y a plus de vraie rencontre.

Dans son ouvrage sur la *Psychologie des expériences religieuses*, André Godin parle, à ce sujet, de « religion fonctionnelle [9] », c'est-à-dire d'une religion qui n'apparaît plus vouée qu'à « combler les vides, calmer les craintes, exaucer des désirs, renforcer des croyances, resserrer l'appartenance à des groupes ». Dans ces perspectives, l'homme ne cherche qu'à être rassuré, consolé, réconforté. Nous retrouvons des attitudes décrites plus haut comme infantiles. La prière, dans ce contexte, risque de n'être plus qu'un alibi : c'est « la politique de l'autruche », on ferme les yeux pour ne plus rien voir !

> Les religions, poursuit A. Godin, deviennent psychologiquement fonctionnelles lorsqu'elles placent Dieu en position de combler le désir, de répondre aux besoins..., lorsqu'elles permettent d'esquiver illusoirement la condition mortelle, de cimenter des sociétés (ou des groupes)..., de faire fonctionner des institutions... *(ibid.).*

Rassurer, soutenir, cimenter, faire fonctionner : Dieu n'est plus qu'un *moyen* ; la religion, la prière ne sont plus considérées que comme des moyens d'apaiser l'inquiétude humaine, un peu comme on calme un enfant, et de satisfaire des besoins humains. Dieu est-il encore Quelqu'un, quelqu'un qui a quelque chose à dire, un appel à nous adresser, une vie, Sa vie, à nous offrir ?

Mais, dira-t-on, le désir humain est toujours là ! L'homme a toujours besoin de pain, d'amour, d'un minimum de sécurité, il a besoin de ne pas désespérer, quand il est pauvre, malade, pécheur, découragé ! Ne peut-il prier pour obtenir l'indispensable ?

Certes oui : la prière de demande n'a jamais été interdite, bien au contraire ! « Demandez et vous recevrez... Dieu sait que vous avez besoin de toutes ces choses » (Mt 7). Et nous demandons dans le *Notre Père*, le pain de chaque jour et d'être délivrés du mal. Dieu nous rejoint dans nos besoins et dans nos désirs.

---

9. André Godin, *op. cit.*, p. 74-76.

Encore faut-il que tout cela ne nous referme pas sur nous-mêmes, que notre cœur s'ouvre à la présence d'un Autre, de Celui qui vient, certes, nous visiter là où nous sommes, dans nos détresses, nos espoirs, nos misères ou notre péché, mais pour nous ouvrir à une nouvelle vie, à une nouvelle espérance. Le désir humain doit lui aussi se laisser *convertir*. « Mes chemins ne sont pas vos chemins », dit le Seigneur (Is 55,8). « Non pas ce que je veux, mais ce que Tu veux », répétait Jésus à Gethsémani. Notre prière doit (peu à peu !) nous mener dans cette direction.

L'expression « désir de Dieu » est équivoque : elle peut désigner le désir de l'homme (« Seigneur, mon âme Te désire »), mais aussi le désir de Dieu, ce que Dieu désire de chacun de nous. Or, le Dieu que je désire ne correspond pas toujours à ce Dieu qui attend de moi quelque chose ! Notre désir devra toujours, par une lente et souvent pénible conversion, s'ouvrir au désir de Dieu, conversion jamais achevée et toujours à reprendre, impliquant (nous y reviendrons) un certain renoncement à sa « volonté propre ». Il est difficile, parfois bien douloureux, de dire avec saint Paul, en toute vérité, en toute disponibilité : « Seigneur, que veux-Tu que je fasse ? » (Ac 22,10).

Si les mystiques parlent d'union *transformante* — notons le mot —, on parle aussi du *combat* de la prière : lutte incessante dans laquelle la prière elle-même a toujours à se convertir [10] !

Pas plus en religion qu'en amour, la critique des illusions n'a le premier ni le dernier mot. Mais si les expériences religieuses prétendent (comme c'est aussi le cas dans l'amour accompli) faire dépasser la (pure) subjectivité, instaurer une alliance transfor-

---

10. Cf. Denis Vasse, *Le temps du désir*, Seuil, 1969, chap. I, « La prière, du besoin au désir », p. 17-57.

mante..., elles se doivent de confirmer leurs points d'ancrage dans une Réalité qui soit autre que les propres besoins du sujet qui les vit... Le discernement psycho-spirituel des expériences religieuses à retenir comme positives dans le sens d'une ouverture à un Autre que soi, passe par un examen de l'enracinement des illusions dans les désirs conscients et dans l'opération inconsciente des projections [11].

Une subjectivité dépassée, la rencontre avec une Réalité qui soit *autre* que la simple projection des besoins et des désirs humains, si légitimes qu'ils puissent être, des confrontations avec le réel de l'existence, des prises de paroles qui ne soient pas simple monologue, telles seraient les conditions dans lesquelles pourra être discernée une authentique expérience de Dieu.

Sous quelle forme ? Cela dépendra, bien sûr, des divers types d'expérience. Les « nuits » d'un Jean de la Croix ou d'une Thérèse de Lisieux, aussi bien que le « baiser du lépreux » de François d'Assise, la charité d'un Vincent de Paul pour les galériens ou les enfants trouvés, aussi bien que le zèle de tous les missionnaires qui, à l'instar de Xavier, s'en vont à la rencontre de cultures totalement différentes de la leur, tout cela, et bien d'autres situations analogues, porte la marque d'une authentique rencontre de Dieu, non pas d'un Dieu rêvé, imaginé, illusoire, mais d'un Dieu, suprême Réalité, le Dieu vivant et vrai. Non pas, encore une fois, réalité anonyme, un « grand Tout » dans lequel se diluent toutes les différences, mais Quelqu'un qui dit « Je suis », un « Toi, mon Dieu », à qui chacun de nous peut s'adresser et qui, Lui aussi, s'adresse à chacun de nous.

La prière n'en sera pas nécessairement plus facile : elle demandera toujours beaucoup de foi et de patience. Au

---

11. A. Godin, *op. cit.*, p. 182-183.

moins aura-t-elle des chances d'être *vraie* et c'est là l'essentiel. Il n'est pas demandé à tout le monde d'accomplir des actions extraordinaires, mais seulement, sous une forme ou sous une autre, de savoir s'ouvrir à un amour capable, à la longue, de tout transformer : « Où sont amour et charité, Dieu est présent », même dans les plus humbles réalités de la vie quotidienne. Quelle que soit la forme qu'elle prendra, là est le but, là est la marque, de toute prière chrétienne authentique.

4. Sentiment de culpabilité ou sens du péché ?

La rencontre de Dieu, dont les chapitres précédents évoquaient les conditions de possibilité, est-elle toujours sans risque ? Ne prend-elle pas quelquefois, pour ne pas dire souvent, un tour dramatique ? N'apparaît-elle pas, dans ce cas, comme une sorte de jugement ? Dès lors ne peut-elle susciter quelque crainte, ou même quelque frayeur ?

> *Malheur à moi, je suis perdu, s'écrie le prophète,*
> *car je suis un homme aux lèvres impures,*
> *et mes yeux ont vu le Seigneur* (Is 6,4) !

A quoi fait écho la réaction de Simon-Pierre : « Eloigne-toi de moi, Seigneur, car je suis un pécheur » (Lc 5,8).

L'homme devant Dieu commence, semble-t-il, par se reconnaître « impur », « pécheur », « en faute ». Les gémissements du psalmiste en font foi :

> *Ma faute est devant moi sans relâche...*
> *Tu peux parler et montrer ta justice,*
> *Être juge et montrer ta victoire...*
> *J'étais pécheur...* (Ps 50 [héb.51], 5-7).

Devant l'homme qui avoue ainsi sa faute, c'est la figure du Juge qui apparaît, un Juge à qui rien n'est caché, qui

« sonde les reins et les cœurs » (Jr 17,10) et devant qui
on ne peut que trembler ! Figure effrayante, que le Moyen
Age latin a (exagérément) amplifiée :

> *Le juge alors viendra siéger,*
> *Mettre en plein jour les faits cachés :*
> *Le moindre tort sera vengé !*

chantait-on il y a encore quelques années pour la liturgie
des défunts (chant du *Dies irae*). Il ne s'agit plus seulement d'un juge, mais d'un Vengeur : « A moi la ven-
geance, dit le Seigneur » (Dt 32,35 repris par He 10,30).
Tirés de leur contexte, ces mots terribles ont longtemps
résonné dans les consciences chrétiennes. Un certain jansénisme n'a eu qu'à les reprendre à son compte et les
conséquences s'en font encore sentir.

Est-ce là ce que le christianisme propose comme expérience de Dieu ? On pourrait parfois le croire à voir l'insistance mise par de nombreux auteurs spirituels sur l'aveu
du péché, l'importance de la contrition (« le cœur brisé
et broyé » du psaume 50), le sentiment d'indignité que
devrait toujours éprouver l'homme devant son Créateur,
etc. La « première semaine » des *Exercices spirituels* de
saint Ignace n'est-elle pas centrée sur ce thème ? On y
parle, certes, du pardon, mais au terme d'une douloureuse
épreuve, au cours de laquelle le retraitant est invité à se
représenter (avec douleur et honte) la laideur de ses actes,
mais aussi tout ce qui attend le pécheur : mort, jugement,
enfer. Nous aurons l'occasion de revenir sur la valeur et
la signification de ce pardon, mais nous devons auparavant nous interroger sur celle de ce sentiment de culpabilité qu'éprouve, ou est censé éprouver, le sujet humain.
Là aussi se cachent des équivoques.

« En Jésus-Christ, le Fils de Dieu fait homme, mort
pour nos péchés et ressuscité pour notre justification, Dieu

est venu sauver l'humanité qui depuis les origines, s'était perdue. » Sous une forme ou sous une autre, nous avons là un des axes, sinon l'axe principal, de la foi chrétienne. Il s'agissait donc bien, comme le rappellent de nombreux textes liturgiques, de « guérir ce qui était blessé », de libérer l'homme de l'esclavage spirituel dans lequel il avait été placé par son péché, d'ouvrir à nouveau les portes de la vie à ceux qui étaient malades ou morts par suite de leurs fautes. Le grand message, la Bonne Nouvelle annoncée au monde, est un message de salut.

Mais pour bénéficier de ce salut, il faut tout d'abord reconnaître qu'on a besoin d'être sauvé, il faut se reconnaître coupable et pécheur. Pas de salut sans aveu du péché et cet aveu prend vite une importance considérable dans la tradition judéo-chrétienne.

C'est le paradoxe du christianisme qu'en proposant la libération du péché et l'affranchissement de la loi, il rappelle les exigences de la loi, éveille et aiguise le sens du péché... En proposant comme exigence fondamentale l'aveu du péché, ... le christianisme expose l'homme à la culpabilité morbide : en termes cliniques, à la névrose obsessionnelle [1].

Les psychologues (et pas seulement eux !) n'ont pas manqué de souligner ce qu'une certaine conception du péché, une certaine forme de pratique religieuse, notamment en ce qui concerne ce qu'on appelait jadis « le sacrement de pénitence », l'obligation faite d'un aveu détaillé, etc. pouvaient avoir de perturbant, de « traumatisant », pour des psychismes plus ou moins fragiles. Plusieurs de ces critiques méconnaissaient sans doute la signification exacte de ces aspects de la foi et de la pratique chrétiennes, mais, derrière leurs exagérations, se glissait une mise en question qui ne saurait laisser le croyant indifférent.

---

1. Antoine Vergote, *Dette et désir*, Seuil, 1978, p. 64.

Nous aurons à examiner successivement ce que recèlent d'ambiguïtés des notions comme celles de *sentiment de culpabilité*, de *réparation*, de *pardon*, etc.

Premiers interdits

Il y a des termes qui reviennent couramment sous la plume des théologiens (et dans la prédication des pasteurs) : péché, faute, culpabilité..., termes fréquemment associés à ceux de blessure, maladie (spirituelle, bien sûr !). De tels rapprochements intriguent le psychologue, et encore plus celui qui, sans être psychologue, se pique de psychologie. Rapprocher péché, faute et maladie, n'est-ce pas faire, au moins implicitement, référence à quelque pathologie ? N'a-t-on pas vite fait de déclarer morbide tout sentiment de culpabilité[2] ? Les auteurs les plus sérieux distinguent soigneusement, il est vrai, l'authentique sens du péché de ce qui serait culpabilité pathologique ou névrose obsessionnelle. Mais ces mêmes auteurs montrent aussi qu'un glissement de l'un à l'autre est toujours possible, qu'on peut toujours, en certaines circonstances, prendre pour sens du péché ce qui est culpabilité maladive ; le cas du scrupuleux est ici exemplaire.

Pourquoi en est-il ainsi ? Parce qu'il y a dans l'homme, répondent les psychanalystes, des structures de base qui permettent aussi bien la progressive accession à une conscience morale que des distorsions de cette conscience aboutissant parfois à de véritables perversions du sens moral.

---

2. Voir, entre beaucoup d'autres, A. Hesnard, *L'univers morbide de la faute*, PUF, 1949 et, du même auteur, *Morale sans péché*, PUF, 1954. Plus récemment, Pierre Solignac, *La névrose chrétienne*, Éd. de Trévise, Paris, 1976.

Ce sont donc ces structures qui doivent tout d'abord solliciter notre attention.

Ces structures psychiques, remarquons-le, ne sont pas innées ; elles s'édifient, sur la base des dynamismes élémentaires (les *pulsions*) que nous évoquions dans un précédent chapitre, en fonction des *relations* que l'enfant est amené à nouer peu à peu avec son entourage tout au long de sa croissance et de son éducation. Au début de son existence, disions-nous, les exigences de l'enfant sont sans mesure. Il est entièrement mû par ses besoins les plus élémentaires, soumis sans restriction au « principe de plaisir-déplaisir » : est bon, c'est-à-dire, désirable, ce qui plaît, et mauvais, c'est-à-dire à rejeter, à éviter ou à fuir, ce qui déplaît. La simple observation attentive du bébé prouve à l'évidence l'existence de telles réactions : parents et éducateurs en font chaque jour l'expérience.

La « mesure » ne peut venir à l'enfant que d'autrui : c'est la mère et les diverses personnes qui s'occupent de lui, qui lui imposent l'horaire, plus ou moins bien rythmé, des repas, des soins de propreté, etc. Il devra donc s'y plier, bon gré, mal gré, attendre l'heure, tenir compte du bon plaisir des autres, mettre un frein à ses exigences. A ce très humble niveau, une *loi* est déjà présente, la « loi de l'autre » à laquelle il faut bien se soumettre. Une première « morale » (?) commence à s'ébaucher, ce qui ne va pas sans cris ni sans pleurs !

Déjà, dans ces premiers temps de l'existence humaine, le psychisme commence à se structurer en fonction d'autrui : la régularité (relative) des moments de présence et l'absence de la mère (ou de la nourrice) inscrit peu à peu, inconsciemment bien sûr, dans le psychisme de l'enfant, une première *règle* ; son existence cesse d'être anarchique, elle devient réglée, *réglée par l'autre*, par les autres, condition indispensable pour qu'elle puisse ultérieurement *se régler* en fonction des autres [3].

Dès le départ, cependant, des accidents de parcours sont possibles : enfant non désiré, alimentation trop irrégulière, soins donnés sans un minimum d'affection, absence de vrais contacts entre le bébé et sa mère, etc., ou, au contraire, souci anxieux de trop bien faire, présence prête à céder aux moindres caprices, d'un entourage qui ne supporte pas de « le voir pleurer », etc. D'un côté comme de l'autre, les conséquences peuvent être graves : impression d'être abandonné, de devenir le jouet de décisions arbitraires et incompréhensibles, ou, au contraire, d'être étouffé par des prévenances indiscrètes qui ne laissent nulle place à un manque, donc à un désir, tout cela (vécu et non pensé, encore moins exprimé) peut aboutir à de sérieuses malformations et à de redoutables carences. Le sujet humain risque alors de ne jamais pouvoir se situer dans une relation vraie avec autrui. N'étant pas maître de son désir, ou bien il deviendra incapable de le refréner, de reconnaître la présence et les droits d'autrui, faisant preuve, dans les diverses circonstances de la vie, d'un amoralisme cynique, ou bien, cherchant à tout prix à se raccrocher à une règle, il adoptera des attitudes rigides, conformistes, stéréotypées, dont sera exclue toute liberté.

Bien des facteurs, on s'en doute, entrent en jeu dans ces évolutions, facteurs complexes sur lesquels nous n'avons pas ici à nous attarder. Il est plus important de remarquer que, parmi ces facteurs, il en est un de psychologiquement prépondérant : c'est la présence du père, la loi du père, la voix du père. Ce point, sur lequel les psychanalystes ont

---

3. On pourra utilement se reporter à l'article « Culpabilité », écrit par Charles Baudouin et Louis Beirnaert, du *Dictionnaire de spiritualité*, tome II/2, Beauchesne, 1956, col. 2632-2654.

si souvent insisté, nous paraît digne de la plus grande attention. Car, pour que puisse naître ou au moins s'ébaucher une conscience morale, il est nécessaire que soit signifiée une loi, et cela par le moyen d'un *interdit* : il y a des choses qu'on doit faire et d'autres qu'on doit s'interdire. Cette « voix du père » (ou d'une « insistance paternelle », quelle que soit la structure familiale), qui l'oblige à se soumettre au prix de divers renoncements (la « castration symbolique » des psychanalystes), l'enfant, peu à peu, l'intériorise, la fait sienne, au point qu'elle devient une part (une « instance ») de son propre psychisme ; c'est le *surmoi* freudien. Ce surmoi, notons-le, n'est pas la conscience morale ; il en est la préparation, la condition psychologique, ce sans quoi la conscience morale ne saurait s'instaurer convenablement. Nous devons maintenant insister quelque peu sur ce point.

Du surmoi à la conscience morale

Nous sommes en droit, écrivait Freud, d'écarter le principe d'une faculté originelle et, pour ainsi dire, naturelle, de distinguer le bien du mal... Là donc se manifeste une influence étrangère qui décrète ce qu'on doit appeler le bien et le mal. Comme l'homme n'a pas été orienté vers cette discrimination par son propre sentiment, il lui faut, pour se soumettre à cette influence étrangère, une raison. Elle est facile à découvrir dans sa détresse et sa dépendance absolue d'autrui, et l'on ne saurait mieux la définir que comme angoisse devant le retrait d'amour. S'il lui arrive de perdre l'amour de la personne dont il dépend, il perd du même coup sa protection... et s'expose à ce que cette personne toute-puissante lui démontre sa supériorité sous forme de châtiment [4].

---

4. Sigmund Freud, *Malaise dans la civilisation, op. cit.*, p. 80-81.

Peur de déplaire, avec toutes les conséquences que cela pourrait entraîner : tel serait, selon Freud, le premier ressort de ce qui deviendra (si tout va bien) la conscience morale. Mais cette peur devant une autorité qui apparaît d'abord comme extérieure va entraîner une profonde transformation psychique : l'autorité va être en quelque sorte intériorisée, l'enfant va la constituer (inconsciemment) en instance permanente de surveillance et de jugement à l'intérieur de son propre psychisme, instance à laquelle Freud donne le nom de *surmoi* et qui va être à l'origine de la « mauvaise conscience », d'un sentiment de culpabilité. Désormais,

le sentiment de culpabilité exprime un manque par rapport à la morale « intérieure ». Il suppose une loi morale, mais cette loi doit être intériorisée : une instance *dans le sujet* témoigne au nom de cette loi morale... Dans la mesure où l'enfant, d'une certaine manière, *s'identifie* au parent moralisateur, il intériorise la parole moralisatrice, clé de l'affection et de l'estime d'autrui [5].

Angoisse devant le retrait d'amour, peur de perdre l'affection et l'estime d'autrui, crainte d'un châtiment, voilà, selon Freud et les psychanalystes qui se réclament de lui, ce qui amène l'enfant à intérioriser, à faire sienne, la loi du père (du parent moralisateur), à s'identifier à celui-ci.

C'est donc à partir d'une *relation*, ou plutôt d'un jeu complexe de relations, relation aux parents, à la mère, au père surtout, aux éducateurs, aux personnes de l'entourage, que se construit ce qui va devenir une conscience morale. Un mot caractérise ce type de relation : c'est l'*identification*, processus psychique pour une large part

---

5. Daniel Widlocher, « Le psychologue face au problème de la culpabilité », *Supplément* de *La Vie spirituelle*, n° 61, 2e trim. 1962, p. 308.

inconscient, dans lequel l'imaginaire tient une grande place, ce qui explique les distorsions qui peuvent être éventuellement constatées. Ce à quoi l'enfant s'identifie, en effet, c'est d'abord *l'image qu'il se fait* de l'autre et de ce que l'autre attend de lui. Il n'apprendra que progressivement à dépasser (partiellement) ce point de vue et à concevoir la loi comme indépendante, au moins relativement, de ceux qui la signifient, et s'imposant à eux comme à lui-même : la loi est la loi... pour tout le monde. Il faudra du temps pour que, peu à peu, parvienne, dans les meilleurs cas, à s'imposer cette conviction !

Encore faut-il, pour que l'identification puisse se faire sur des bases correctes, que le père (ou toute personne qu'investit une part de l'autorité paternelle) soit perçu comme pôle possible d'identification : l'absence, réelle ou psychologique, du père, son manque d'autorité, aussi bien qu'une inhumaine sévérité, rendant impossible toute confiance, entraîneront des déviations aux conséquences incalculables. Le *surmoi* deviendra, selon les cas, beaucoup trop sévère, voire cruel, « pure culture des pulsions de mort », selon un mot de Freud, et ce sera le règne des tabous, des interdits, il sera « interdit de vivre » —, ou, au contraire, trop lâche, n'exerçant plus aucune contrainte, n'imposant aucun effort, dans une totale et non moins inhumaine permissivité.

Interdit, mais aussi appel et promesse, telle doit être à la fois cette voix, cette loi du père, qui, en exigeant fermement de renoncer aux satisfactions brutales et immédiates, à une affectivité infantile et sans frein, ouvre le champ d'une liberté adulte et responsable. Alors aussi peut s'ouvrir l'accès au monde des *valeurs* : renonçant, comme nous l'avons dit, à rester fermé sur lui-même et sur ses satisfactions égoïstes, le petit d'homme commence à comprendre l'importance du respect et de l'amour des autres, le sens de l'entraide et de la solidarité, la valeur d'un authentique idéal. Il s'ouvre aussi (ou commence à s'ouvrir) aux valeurs spirituelles, celles qui dépassent les intérêts purement matériels : à travers la « voix du père », c'est la « voix de Dieu », celle du Père, qui commence à se faire entendre, un appel à une autre forme d'amour, non plus l'amour de soi ou de ceux dont on attend quelque chose, mais un amour élargi et altruiste, à la limite un amour désintéressé. Tout cela n'est encore qu'inchoatif, partiel, balbutiant ; mais, si ce n'est qu'un début, ce début est prometteur. Il constitue la base indispensable de ce qui deviendra, au plein sens du mot, une authentique conscience morale. L'être humain digne de ce nom n'est-il pas celui qui, sortant enfin de lui-même et de ses propres préoccupations, réalise enfin que l'autre, les autres, tous les autres, existent aussi, qu'il faut en tenir compte, les aimer même, car, à travers eux, un Autre se révèle, appelle à vivre et à aimer, puisque Lui-même se manifeste comme le Dieu d'amour ?

Utopie, diront certains, vision idéale des choses ! La réalité est bien plus terre à terre ; l'homme ne s'élève que rarement et difficilement à de tels sommets ! Idéal, il est vrai, mais, sans un tel idéal, que deviendrait l'humanité ? N'en resterait-elle pas au « chacun pour soi » et à la loi de la jungle ? On peut le craindre et les exemples ne manquent pas d'une telle dérive !

Reste que, dès l'enfance, c'est sur cette « loi du père » que doit s'édifier la conscience morale. Faute de quoi elle se trouvera soit, hélas, atrophiée, soit déviée, pervertie dans ses racines psychologiques. N'ayant pu trouver un solide point d'ancrage, elle ne ressurgit que sous des formes pathologiques. Conduites perverses, dans lesquelles le sujet « joue », pour ainsi dire, à tourner ou à dénier la loi, ou conduite névrotiques, dans lesquelles cette même loi devient une insupportable contrainte et tourne à l'obsession. La névrose obsessionnelle fait alors son apparition, avec son cortège de symptômes : scrupules, ritualisme rigide, phobies (craintes) diverses, peur des contacts, timidité maladive, etc. Le sentiment de culpabilité affleure partout ; un « besoin de punition », besoin morbide (le plus souvent inconscient) d'être puni, châtié, ne cesse de se manifester. On ne peut plus parler alors, au sens strict, de conscience morale ; on est dans le domaine de la pathologie.

L'univers morbide de la faute

La formule, lancée par le Dr Hesnard (dans l'ouvrage cité plus haut), dit bien ce qu'elle veut dire : qu'il s'accuse ou qu'il se disculpe, l'homme ne cesse de se débattre avec une obscure culpabilité, une culpabilité dont il serait bien en peine de désigner la source, une culpabilité qu'il peut tenter de dénier, au point, semble-t-il, de la faire disparaître (dans le cas du pervers), ou qui se traduira pour le névrosé de mille façons étranges.

« De quoi suis-je coupable ? » : cette question, qui peut être un déni (« Non, je ne suis pas coupable ! »), peut aussi renvoyer à une sorte de « culpabilité pré-morale ». Au fond, on se « sait » coupable, sans savoir de quoi. On se sent, à la limite, coupable d'être là, coupable d'exister, on se sent « de trop » (Sartre), indigne d'être aimé... Plus précisément, on est (ou on se sent) coupable de vouloir vivre, de désirer vivre, de sentir monter en soi un appel (même légitime) à éprouver quelque plaisir : tout plaisir n'est-il pas interdit, donc mauvais ? De même, tout sentiment agressif, fut-il spontané et jusqu'à un certain point justifié, sera impitoyablement condamné. Ni plaisir ni

riposte : on n'a plus aucun droit ! La faute est partout !
Partout... et nulle part ! C'est ce qui fait le drame ! Car
cette insaisissable culpabilité, cette « angoisse flottante »,
va se fixer sur des gestes, des conduites, des pensées, bien
innocentes en soi et très éloignées, en apparence, des
recherches de satisfactions libidinales ou agressives. Le cas
du scrupule, ici encore, est éclairant [6]. On se culpabilise
pour des riens ; on établit d'interminables listes de
« péchés » ; on ne cesse de s'examiner, on s'accuse inlassablement... et rien n'y fait ; on est toujours coupable
d'autre chose, autre chose qu'on n'a pu dire. En cela,
d'ailleurs, le scrupuleux a raison : ce qu'il dénomme « culpabilité » a une autre origine ; elle vient, en effet, d'ailleurs, des zones inconscientes de la personnalité, ces zones
qui lui échappent et dont il ne peut rien dire. « Sentiment
inconscient de culpabilité » : Freud s'excuse d'user d'une
telle expression apparemment contradictoire. Elle lui semble pourtant correspondre à une expérience, celle d'une
déficience dans la structure même du psychisme.

Sentiment obsédant de culpabilité, obscur et lancinant
besoin de se faire punir, peur d'un châtiment qu'on
redoute et, curieusement, qu'on espère (« pour en être
débarrassé »), toutes ces réactions contradictoires sont pré-
sentes à quelque degré chez l'obsessionnel. Elles peuvent
aussi se présenter, à l'état d'ébauche, chez des êtres par
ailleurs « normaux ». Il importe de les discerner, ce qui
n'est pas toujours facile, car elles pourraient bien vicier
subrepticement des attitudes ou des pratiques qui se donnent facilement pour « spirituelles ». C'est notamment le
cas pour le besoin de *réparation*.

---

6. Nous nous permettons de renvoyer à notre article « Scrupule »,
dans le *Dictionnaire de spiritualité*, t. XV, Beauchesne, 1989,
col. 461-467.

Il faut réparer

Ce terme de *réparation* a une longue histoire et joue un rôle important dans tout un courant de la spiritualité chrétienne[7]. On le retrouve en particulier sous la plume de sainte Marguerite-Marie Alacoque. Le Christ, lui découvrant Son Cœur, raconte-t-elle, « lui demande réparation d'honneur par une amende honorable pour réparer les indignités qu'Il a reçues » des hommes. Elle désire alors Lui « rendre amour pour amour ». De longs commentaires seraient ici à faire et bien des nuances à apporter[8]. Il faudrait, en particulier, tenir compte du contexte social et religieux, de la langue de l'époque, du symbolisme en usage, etc. Nous nous contenterons de souligner le rapprochement qui a été fait entre les termes de *réparation* et de *satisfaction*. Toute une théologie en a fait largement usage, non sans dommage, parfois, pour une exacte compréhension du mystère chrétien[9].

Réparer, notent les psychologues, c'est avant tout tenter de *rétablir une relation*, là où elle a été rompue ou dangereusement compromise. Satisfaire, c'est, comme l'indique l'étymologie, « en faire assez » pour que la relation soit rétablie, autrement dit pour que la personne avec qui on désire se réconcilier soit « satisfaite ». Freud parlait d'une « angoisse devant le retrait d'amour » ; c'est dans la même perspective que des auteurs post-freudiens ont situé la réparation[10]. Que cette notion ait un sens

---

7. Sur toute cette question, cf. Edouard Glotin, « Réparation », dans le *Dictionnaire de spiritualité*, t. XIII, Beauchesne, 1987, col. 369-414.

8. Cf. Jean-François Catalan, « Amour pour amour, perspectives psychanalytiques sur la réparation », *Christus*, juillet 1988, p. 385-393.

9. Cf. Bernard Sesboüé, *Jésus-Christ, l'Unique Médiateur*, Desclée, 1988.

10. Notamment Mélanie Klein, « L'amour, la culpabilité et le besoin de réparation », dans Mélanie Klein et Joan Rivière, *L'amour et la haine, Étude psychanalytique*, Petite Bibliothèque Payot, 1968.

parfaitement légitime et une authentique valeur spirituelle chez les saints, ne nous empêche pas d'en rechercher là encore, les lointaines racines dans les couches les plus archaïques du psychisme humain. Revenons donc à l'enfance, puisque aussi bien c'est là que tout commence.

Il n'y a pas, chez le tout jeune enfant, que joie, plaisir, amour et gratitude. Son avidité même lui fait obscurément éprouver tout retard, tout partage, toute résistance, comme une *frustration* : on lui refuse son dû. Dès lors surgissent des réactions de jalousie, d'envie, déjà notées par saint Augustin... et par Freud. Mélanie Klein n'hésite pas à parler d'une véritable *haine* : l'enfant, comme nous le remarquions plus haut, ne connaît pas la mesure. Haine et amour, envie et gratitude, entrent en conflit ; et ce conflit (encore une fois inconscient) entraîne de sérieuses perturbations dans le psychisme du bébé.

Ma pratique psychanalytique, écrit M. Klein, m'a convaincue que, lorsque les conflits entre l'amour et la haine s'éveillent dans l'esprit du bébé, lorsque, par conséquent, devient active la peur de perdre la personne aimée, un pas très important dans le développement s'effectue. Les sentiments de culpabilité et d'angoisse interviennent maintenant comme un élément nouveau dans l'émotion amoureuse. Ils deviennent partie inhérente de l'amour et l'influencent profondément [11].

La gratitude fait place à la révolte, l'amour à la haine, l'abandon confiant à la rage destructrice. Mais alors, tout semble perdu ! Devenant, en intention et à la mesure de ses faibles forces, l'artisan du malheur de l'autre, l'enfant devient, par ricochet, l'artisan de son propre malheur. Dire qu'il s'en sent responsable serait évidemment trop dire, mais, dans son inconscient, il ne peut pas ne pas éprouver une angoisse fortement teintée de culpabilité. En

---

11. *L'amour et la haine, op. cit.*, p. 85.

termes d'adultes, nous dirions qu'il est coupable de vouloir du mal à sa mère et qu'il réalise confusément qu'il a lui-même tout à y perdre. Or c'est une chose à laquelle il ne saurait se résigner. C'est pour lui une question de vie ou de mort. Il faut que soit sauvegardée la présence tutélaire de la personne aimée : il faut à tout prix rétablir une relation positive ; il faut qu'un amour réciproque puisse à nouveau s'échanger.

Il faut donc réparer, rendre possible un nouveau départ, une nouvelle relation.

> Même chez le petit enfant, on observe une inquiétude à l'égard de la personne aimée... Dans l'inconscient de l'enfant, à côté de pulsions destructrices, il existe un besoin profond de se sacrifier afin d'aider et de réparer la personne aimée à laquelle on a fait du mal *(ibid.)*.

« Réparer la personne aimée » : n'a-t-elle pas été « blessée », la relation n'a-t-elle pas été rompue ? Désormais, cette « personne aimée » peut redevenir ce qu'elle était, elle redevient bienveillante, cesse de se détourner ou de se fâcher, est à nouveau source d'amour et de protection. L'enfant gagne incontestablement à ce « rétablissement de l'alliance », il se sent à nouveau en sécurité. Il serait faux, pourtant, de réduire à un pur calcul égoïste le besoin de réparation. Peu à peu, par une sorte de *décentration*, qu'ont soulignée, nous l'avons vu, de nombreux psychologues, le sujet humain, tout en continuant, bien entendu, à considérer la personne aimée comme « source d'affection et de profit », en vient à la considérer aussi *pour elle-même* et en elle-même, à lui rendre de façon plus désintéressée « amour pour amour ». On en vient à souffrir non pas tant de ce qu'on perd, mais de ce que souffre l'autre : c'est le début d'une véritable *compassion*. « On souffre avec ! » Processus de transformation, de sublimation, qui n'est jamais terminé : nos prières n'en portent-elles pas des traces ? Comme nous l'avons noté plus haut, la demande : « Que Ta volonté soit faite » s'accompagne toujours de cette autre : « Pardonne-nous... Délivre-nous du mal. » Un « amour pur » n'est-il pas toujours mêlé d'humble demande ? A tous les degrés de la vie spirituelle, l'amour de Dieu ne vient-il pas rejoindre l'inextricable complexité du psychisme humain ? Le reconnaître permet sans nul doute de mieux vivre en vérité et d'éviter bien des illusions !

Décentration, disions-nous, sortie de soi, regard jeté vers l'Autre, autrement dit conversion. Si on se sent coupable, au moins peut-on désormais le reconnaître devant quelqu'un. La culpabilité n'est plus ce malaise indéfinissable qui ronge l'âme ; elle est, selon l'expression biblique, « rupture d'alliance ». Tout change alors.

Demander pardon

L'apôtre Judas, nous dit l'Evangile, s'est enfermé dans ses remords... et il en est mort. Attitude stérile et, à la limite, suicidaire. On nous dit aussi que Simon-Pierre, non moins coupable, sentit peser sur lui le regard du Christ (Lc 22,61) ; il éclate alors en sanglots, mais, du même coup, s'ouvre à la présence aimante et pardonnante de celui-là même qu'il avait renié ! Il ne se replie plus sur lui-même et sur ses regrets : il peut demander pardon, s'en remettre à l'Autre avec confiance et, sûr d'être pardonné, lui rendre grâces. Il y faudra peut-être plus de temps qu'il ne semble à la simple lecture du passage évangélique, mais le fait est là.

Ces deux attitudes sont éminemment significatives : on passe du remords au repentir, du sentiment de culpabilité à l'aveu du péché, et donc d'une tristesse qui pourrait devenir morbide à la paix, voire à la joie d'une relation retrouvée. Les « paraboles de miséricorde » rapportées par saint Luc (chap. 15) en sont une éclatante démonstration.

On serait tenté d'affirmer que le véritable sens du péché ne se découvre qu'avec cette demande de pardon : une telle demande, en effet, suppose une confiance, une foi en l'autre, cet autre qu'on prend conscience d'avoir offensé, blessé, atteint, mais dont on sait aussi qu'on peut attendre, non pas une vague indulgence indifférente au mal commis, mais le pardon, le don gracieux, gratuit, d'un amour renouvelé.

Alors que le scrupuleux ne cesse de s'examiner, de s'analyser, de se raconter (noter tous ces pronoms réfléchis, si typiques de l'attitude narcissique !), sans pouvoir sortir de lui-même et de sa (prétendue) culpabilité, le pécheur repentant se tourne avec foi et confiance vers le Dieu qui le délivre de lui-même et lui permet de repartir vers une nouvelle vie. Le premier reste prisonnier, le second se sait (dans la foi) libéré, mais libéré par un Autre ! « Tout vient de Dieu qui nous a réconciliés avec Lui, disait Paul aux Corinthiens, laissez-vous donc réconcilier ! » (2 Co 5,18-20).

« N'ayez entre vous d'autre dette que celle de l'amour mutuel » (Rm 13,8) : une telle formule pourrait être reprise à propos du péché pardonné, de la réparation et de la pénitence. Alors que, dans le cas d'une culpabilité maladive, on se trouve en présence d'une dette insolvable parce qu'elle est indéfinie, insaisissable, le pécheur qui se repent sait, lui, que « cette dette n'est pas à payer » (Vergote), car ce qu'il doit à Celui qui le pardonne, c'est précisément le don d'un amour *gratuit*, auquel ne peut répondre qu'un autre amour, non moins désintéressé, un don de soi dans l'action de grâces.

Dieu Juge ou Dieu Sauveur ?

Ce n'est pas à dire que le pécheur ne se sente pas coupable. Savoir qu'on a offensé Dieu ou blessé le prochain se traduira habituellement par une peine ressentie, donc un certain sentiment de culpabilité. Encore faut-il remarquer qu'il s'agira, dans bien des cas, d'une *conscience* d'être coupable, basée sur un jugement moral, et non pas toujours d'une réaction de sensibilité. Reste qu'il existe ce qu'on pourrait appeler une culpabilité normale, celle que ressentent, parfois amèrement, les saints, celle qu'évoque, justement, saint Ignace dans la « première semaine » des *Exercices spirituels* (n° 45-71), cette contrition qui fait écho au « cœur brisé et broyé » du psalmiste. Le vieux mot de *componction* avait un sens voisin. Il n'est nullement question d'éliminer cet aspect de la vie spirituelle, si important pour la foi chrétienne en un Dieu Sauveur !

C'est là, pourtant, qu'il faut prendre garde : quelles images de Dieu, conscientes ou inconscientes, nous habitent ? Dieu Sauveur ou Dieu Juge ? On peut, sans doute, parler sainement d'un jugement de Dieu, mais comment concevons-nous ce Dieu qui nous juge ?

Serait-ce un Dieu « qui voit tout », « qui scrute impitoyablement nos pensées les plus secrètes », qui « viole » en un sens notre intimité personnelle ? On sait qu'un Sartre a violemment rejeté un tel Dieu ! Serait-ce un juge impitoyable qui « exige sa livre de chair » ? Un Dieu qu'on ne peut satisfaire que par une expiation sanglante et qui, pour cela, n'hésite pas à déverser sa colère sur son propre Fils ? Un Dieu toujours prêt à condamner ou à damner ? Ou, à l'inverse, un Dieu laxiste et bon enfant, qui laisse tout faire, indifférent au bien et au mal ?

Dieu persécuteur ou Dieu indifférent ? Les représentations contrastées et caricaturales que nous venons d'évo-

quer, ne traînent-elles pas encore dans notre imaginaire...
et dans certaines formulations théologiques ? Rédemption,
rachat, satisfaction, réparation, expiation, justice ou colère
divines : toutes ces notions, autour desquelles les discussions ont parfois fait rage et qui ont fait couler beaucoup
d'encre, ne risquent-elles pas toujours de réveiller en nous
des images archaïques, restes de nos réactions infantiles,
qu'il importe de démasquer ? Ne nous arrive-t-il jamais de
transférer (inconsciemment) sur Dieu la figure d'un Surmoi cruel... pour notre plus grand tourment ? Image pervertie du vrai Dieu ou image d'un Dieu pervers, dont
l'amour lui-même devient un piège pour notre liberté : ne
sommes nous-pas « forcés » de L'aimer... sous peine de
péché [12] ?

L'histoire de l'Église montre à quelles dérives ces images peuvent conduire : systèmes théologiques, pratiques
sacramentelles et pastorales en ont été marquées. N'a-
t-on pu parler (ici ou là avec quelque exagération, peut-
être... et encore !) d'une « culpabilisation massive de
l'Occident chrétien [13] ») ?

Que devient, dans ces perspectives, l'autre image, celle
d'un Dieu qui sauve, celui dont l'évangéliste Jean déclare
« qu'il n'est pas venu pour condamner le monde, mais
pour le sauver » (Jn 3,17) ? Ne faut-il pas lui rendre toute
sa place ? Il n'est pas question de nier l'existence du péché,
mais, ce qui est, à notre avis, encore bien plus important,
de retrouver le sens du pardon. Peut-être, alors,
retrouvera-t-on la joie d'accueillir une Bonne Nouvelle :
« Réjouissez-vous avec moi » dit Jésus accueillant et par-
donnant les pécheurs (Lc 15). Puissions-nous tous entrer
dans cette joie !

---

12. Cf. Maurice Bellet, *Le Dieu pervers*, Desclée de Brouwer, 1979.
13. Jean Delumeau, *Le péché et la peur, La culpabilisation en Occident aux XIIIᵉ-XVIIIᵉ siècles*, Fayard, 1983.

5. Veux-tu être guéri?
Le vrai sens de la guérison

Jésus, nous dit l'Évangile, guérissait! « Il guérissait toute maladie et toute infirmité » (Mt 4,23). « Les aveugles voient, les boîteux marchent, les lépreux sont guéris, les sourds entendent, les morts ressuscitent... » (Mt 10,5). Partout où il passe, il guérit. « Je suis venu pour qu'ils aient la vie et qu'ils l'aient en abondance », déclare-t-il (Jn 10,10) : ce mot, rapporté par saint Jean, pourrait être mis en exergue, non seulement à tout l'Évangile, mais à toute la Bible.

La longue clameur des malades, des infirmes, des mourants, des malheureux de toute sorte, qui ne cesse de retentir (pensons aux Psaumes, à Job et à tant d'autres passages de l'Ancien et du Nouveau Testament), ne laisse jamais Dieu insensible : « Ils crient, le Seigneur écoute ; de toutes leurs angoisses, il les délivre » (Ps 33,18). « Quand j'ai crié vers Toi, Seigneur, tu m'as guéri » (Ps 28,3). « Il envoie sa parole : il les guérit » (Ps 106,20), etc.

Le Dieu d'Israël est un Dieu qui sauve : c'est le roi Ézéchias qui retrouve la santé (2 R 20,1-7), c'est Naaman, le général syrien, qui est guéri de sa lèpre (2 R 5,1-19), c'est le prophète Élisée qui ressuscite le fils de la Shunamite (2 R 4,18-37)...

Et quand le Fils de Dieu se fait homme, les guérisons se multiplient : le Royaume de Dieu est là ! La vie triomphe de la mort ; l'infinie bonté de Dieu rejoint la détresse humaine et les hommes, au temps de Jésus, ne s'y sont pas trompés. « On lui amenait tous ceux qui étaient malades, affligés de maux et de tourments divers... et il les guérit » (Mt 4,23-24).

Les disciples prendront le relais : Pierre et Jean rendent la santé au boîteux de la Belle-Porte (Ac 3,1-11) et la seule ombre de Pierre suffisait à guérir nombre de malades (Ac 5,15-16).

N'y avait-il pas, dans la primitive Église, un « charisme de guérison » (1 Co 12, 11) ? Et n'était-il pas recommandé, dès cette époque, de recourir à ce que nous appelons aujourd'hui le sacrement des malades ? « L'un de vous est-il malade ? Qu'il fasse appeler les anciens de l'Église et qu'ils prient après avoir fait sur lui une onction d'huile au nom du Seigneur. La prière de la foi sauvera le patient : le Seigneur le relèvera... et il lui sera pardonné » (Jc 5,14-15).

L'unité de la personne humaine

Ce que le Christ a fait, il a donné à ses disciples la possibilité de le faire : « En vérité, je vous le dis, celui qui croit en moi fera aussi les œuvres que je fais ; il en fera même de plus grandes. Tout ce que vous demanderez en mon nom, je le ferai » (Jn 14,12-13). Si Jésus s'est laissé toucher par la misère de ses frères humains, s'il est venu en aide à tous ceux qui l'imploraient, comment ses disciples ne se sentiraient-ils pas autorisés, voire poussés, à faire de même, à poursuivre son œuvre, à relever, en son nom, ceux qui défaillent en chemin ? Comment ne se sentiraient-ils pas appelés, aujourd'hui encore, à un « ministère de guérison » ?

Des chrétiens, de nos jours, prennent au sérieux, et même à la lettre, les promesses du Seigneur. Des communautés du Renouveau, mais bien d'autres, dans l'Église, en Europe, en Asie, en Afrique et ailleurs, se veulent, à leur tour, porteurs d'un message d'espérance et procurent aux malades, par leurs prières et leur intercession, la guérison tant attendue. Pourquoi refuserait-on d'admettre que l'Esprit de Dieu, à qui nous demandons de « guérir ce qui est blessé », se manifeste, à notre époque comme au temps jadis, comme « puissance de salut et de santé spirituelle [1] », mais aussi de santé psychologique, voire physique ? Ne vaut-il pas mieux en rendre grâces à Dieu ?

Faut-il pourtant en rester là ? Doit-on toujours compter sur le miracle ? D'autres perspectives sont-elles à exclure ? Il ne semble pas et il vaut la peine de s'y arrêter.

Les recherches poursuivies dans le domaine de la médecine psychosomatique peuvent ici se montrer fort éclairantes. Elles révèlent, plus que ne l'ont fait dans les siècles précédents la médecine et la psychiatrie « classiques », la profonde unité du sujet humain. Nul n'ignore à notre époque à quel point des réactions affectives, même et surtout

---

1. Cf., par exemple, Antoine Vergote, « L'Esprit, puissance de salut et de santé spirituelle », dans *L'expérience de l'Esprit* (Mélanges Schillebeeckx), « Le Point théologique » 18, Beauchesne, 1976, 209-223. — Il ne nous paraît pas inutile de signaler ici une expérience intéressante, celle de la *Maison de Lazare*, à Issy-les-Moulineaux, où des gens qui souffrent « dans leur âme ou dans leur corps » sont accueillis dans un groupe de prière du Renouveau, mais peuvent aussi bénéficier d'une aide médicale et psychothérapeutique, avec « la possibilité d'être soignés dans la globalité de leur être physiologique, psychique et spirituel ».

inconscientes, peuvent influer sur la condition physique. Les travaux de Freud et de ses successeurs sur l'hystérie et les autres névroses avaient déjà montré l'importance de telles connexions entre le physique et le moral. Quoi d'étonnant, dès lors, à constater que certaines transformations d'ordre psychologique ont, au moins dans certains cas, des effets physiques pouvant amener une amélioration, voire une guérison ? Tout se tient dans l'être humain !

« Aide-toi, le Ciel d'aidera » : le vieux proverbe indique la voie. S'il est vrai que Dieu peut toujours intervenir, que nous avons le droit de le prier et d'espérer sa réponse, il est non moins vrai que l'effort humain est normalement requis, qu'il serait présomptueux et déraisonnable de s'en passer ! Ne serait-ce pas « tenter Dieu » ? Cet effort humain se situe, certes, sur le plan spirituel : effort de prière, seul ou avec d'autres, ascèse courageuse, dans la patience et dans la foi, démarche coûteuse de réconciliation... avec Dieu, bien sûr, mais aussi (ou d'abord !) avec les autres, avec « ce frère qui a quelque chose contre toi » (Mt 5,23) et avec soi-même, ce qui n'est pas toujours le plus facile... Mais il n'y a pas à faire fi des moyens humains, à mettre en œuvre suivant les cas hygiène physique et psychologique, techniques médicales, éventuellement psychothérapie, etc.

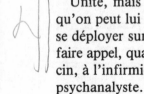

Unité, mais aussi complexité de l'être humain : l'aide qu'on peut lui apporter (ou qu'il se doit à lui-même) doit se déployer sur plusieurs plans. Il n'est pas humiliant de faire appel, quand cela paraît utile ou nécessaire, au médecin, à l'infirmier, au psychologue ou (pourquoi pas ?) au psychanalyste. Cela ne signifie en aucune façon un manque de foi : c'est, au contraire, vivre sa foi que d'utiliser toutes les possibilités humaines que Dieu lui-même a voulu mettre à notre disposition. Ne sommes-nous pas, dans l'œuvre de création, les « collaborateurs de Dieu » (2 Co 6,1) ? La guérison est aussi notre œuvre.

La guérison, un acte de salut

Unité et complexité de l'être humain, disions-nous : quand l'homme est malade, de quoi souffre-t-il ? D'une atteinte corporelle : infection, dysfonctionnement d'un organe ou autre chose ? D'une blessure psychologique : deuil, déception, échec, etc. ? S'agit-il d'une crise morale ou spirituelle : sentiment de culpabilité, refus de Dieu... ou de l'autre, orgueil ou égoïsme ? Tout cela est bien souvent mêlé, au point qu'il est parfois difficile d'y voir clair. Un discernement s'impose : de quoi faut-il être guéri ?

Le vocabulaire du Nouveau Testament peut déjà nous donner à réfléchir. Quand Jésus se trouve en face d'un malade ou d'un infirme, son intervention a pour effet non seulement de rendre la santé (Jn 5), mais encore de purifier (comme dans le cas du lépreux : Mt 8,2), de délier, de libérer (« Femme, te voilà libérée de ton infirmité », Lc 13,12), de sauver (« Ta foi t'a sauvée », Mt 9,21), de relever (Mc 1,31)... Ne dit-on pas : « C'est une vraie résurrection ! » ?

Libération, salut, purification, pardon, « absolution », au sens étymologique du terme qui évoque l'acte de délier : c'est tout cela qu'implique, pour Jésus, la véritable guérison. Il s'agit de bien autre chose que d'un simple geste thérapeutique au sens étroit (et moderne) du terme ! Il s'agit, au sens fort, d'un acte de salut et ce salut concerne tout l'homme, corps et âme, vie spirituelle, psychique et physique à la fois.

Si des guérisons sont constatées de nos jours dans le contexte d'une démarche de foi, elles peuvent être interprétées dans ce même sens. « Dieu est à l'œuvre en cet âge », chante-t-on parfois. Pourquoi ne pas l'admettre ? Mais pourquoi ne pas admettre aussi que le processus de guérison — si guérison il y a — peut jouer à plusieurs niveaux ?

Quand un malade ou un handicapé se sent accueilli, écouté, compris, accepté, quand il retrouve ainsi la possibilité d'entrer en relation, de sortir d'une écrasante solitude, de faire partie d'un groupe sympathique, n'est-il pas déjà en voie de guérison ? Ne peut-il se sentir sauvé d'un désespoir sans fond ? Ne peut-il voir s'ouvrir devant lui des perspectives d'avenir ?

Encore faut-il, pour cela, que le passé, un passé quelquefois pénible ou peu glorieux, ait pu être assumé dans la paix (au moins une certaine paix !), que d'anciennes blessures, des traumatismes affectifs longtemps enfouis dans l'inconscient, ne viennent plus perturber le psychisme, qu'une réconciliation avec soi-même puisse s'opérer. On a pu parler d'une « guérison des souvenirs [2] » ; c'est bien de cela qu'il s'agit en effet : guérison spirituelle, peut-être (et, en un sens, une dimension spirituelle est toujours présente dès qu'il s'agit de l'être humain), guérison psychologique, à coup sûr, l'une n'excluant pas l'autre, bien entendu.

De telles guérisons ne se produisent normalement pas sur un simple coup de baguette magique : elles supposent au contraire un long et souvent douloureux travail, œuvre de patience, de persévérance, de lucidité courageuse, bref de volonté. « Veux-tu guérir ? », demandait Jésus à l'infirme de Bethesda. Quelle question ? Ne veut-on pas guérir, quand on souffre ? Et cependant, dans bien des

---

2. Cf. Dennis et Matthew Linn, *La guérison des souvenirs, Les étapes du pardon* (trad. de l'américain), Desclée de Brouwer, 1987.

cas, l'homme souhaite-t-il vraiment la guérison ? La désire-t-il de toute son âme ? N'est-il pas, plus ou moins inconsciemment, attaché à son mal ? Étranges connivences qu'il faudrait peut-être démasquer !

La part de responsabilité

« Tes péchés sont pardonnés », tel est le premier mot de Jésus devant un paralytique (Mc 2) ; ensuite seulement : « Lève-toi, prends ton brancard et rentre chez toi ! ». Péché et maladie sont-ils donc à ce point liés ? D'autres textes de l'Évangile nous retiennent de conclure trop vite. « Ni lui, ni ses parents n'ont péché », dit le Christ de l'aveugle-né (Jn 9) : sa maladie est « pour la gloire de Dieu ». Que dire alors, sinon qu'on peut être infirme ou malade sans être nécessairement coupable... et qu'on peut aussi se convertir du fond du cœur sans être nécessairement guéri.

Quelque chose, il est vrai, ne cesse obscurément de nous suggérer que mal physique et mal moral ne sont pas tout à fait sans rapport ; la psychologie a là-dessus son mot à dire. L'histoire de l'humanité (à commencer par celle de l'humanité biblique) nous en fournit d'innombrables exemples : maladie et culpabilité, malheur et « punition divine »... sont fréquemment rapprochés. Ne nous arrive-t-il pas, devant une succession de contrariétés, de nous exclamer : « Mais qu'est-ce que j'ai fait au bon Dieu ? »

Tout n'est pas faux dans cette façon de réagir : une certaine mauvaise volonté, une subtile complaisance, peuvent bien être pour quelque chose dans les malheurs qui nous atteignent. Les psychanalystes savent que certains névrosés s'accrochent, pour ainsi dire, à leur maladie et résistent inconsciemment à toute tentative susceptible de les mettre en question. Il n'est d'ailleurs pas nécessaire d'être psychanalyste : la justice humaine connaît les récidivistes, et les confesseurs, les « habitudinaires » : « qui a bu boira », dit le proverbe. Changer d'habitudes n'est jamais facile et on préfère souvent reculer devant l'effort demandé.

« Veux-tu guérir ? » : la question revient avec insistance ! Honnêtement, quelle réponse donner ? On veut et on ne veut pas : tant de choses nous retiennent ! Ces « affections désordonnées », dont parle, dans les *Exercices spirituels*, Ignace de Loyola, ces vieux souvenirs qui nous obsèdent, ces tentations sans cesse renaissantes, cette paresse qui refuse l'effort... Avons-nous vraiment envie de guérir, quand les remèdes nous font peur ? Ne vaut-il pas mieux rester avec son mal, quitte à l'endormir quelque peu ?

N'allons pas trop vite parler de péché : les choses sont beaucoup plus complexes. Une certaine part de mauvaise volonté, un refus de l'effort, de la nécessaire ascèse, sans laquelle il n'est aucun progrès spirituel, peuvent représenter — reconnaissons-le — un refus de répondre à l'appel de Dieu, de se soumettre à sa volonté : on ne saurait exclure, dans ces perspectives, une part de péché, pas toujours facile à discerner ! Mais quand l'affectivité a été un jour blessée, meurtrie, déviée ou faussée, quand la mémoire inconsciente garde la trace de traumatismes anciens, de vieilles blessures mal cicatrisées, qui dira la part réelle de responsabilité ? Et comment alors envisager une possible guérison ?

La transformation de la sensibilité

 Dieu seul, redisons-le, peut guérir l'homme, parce que lui seul, étant le Créateur, peut recréer, renouveler en profondeur, atteindre jusqu'au cœur, rendre la vie. C'est son Esprit qui fait renaître, lui qu'implore la liturgie de la Pentecôte :

> *Sans ta puissance divine,*
> *Il n'est rien en aucun homme,*
> *Rien qui ne soit perverti...*
> *Assouplis ce qui est raide,*
> *Réchauffe ce qui est froid,*
> *Rends droit ce qui est faussé !*

Cette renaissance pourtant, cette « remise à neuf », cette transformation de tout l'être humain, si elles sont l'œuvre de Dieu, n'en sont pas moins le fruit de nos efforts. Mûs, il est vrai, par la grâce de Dieu, ils n'en sont pas moins nôtres !

Nous évoquions plus haut les *Exercices spirituels*. Pour pouvoir, au terme de l'itinéraire, rendre à Dieu, en toute vérité, amour pour amour et lui offrir, sans aucune réserve, « toute notre liberté, notre mémoire, notre intelligence, notre volonté », il a fallu, au prix parfois de durs combats, « faire les exercices » : « examiner sa conscience, méditer, contempler ou toute autre activité spirituelle », sans parler des actes de pénitence, etc. C'est à travers tout cela, rappelle Ignace après tant d'autres maîtres spirituels, que l'affectivité humaine se purifie, se rectifie, s'affine, pour parvenir enfin à un amour vraiment spirituel, débarrassé de tout retour sur soi.

La sensibilité elle-même, si souvent suspectée, bénéficie de cette transformation : un autre regard devient possible, une autre manière de sentir, de goûter, d'apprécier les choses. Ce que l'école ignatienne nomme l'*application des sens* n'est rien d'autre qu'une façon plus ou moins méthodique de se laisser transformer au niveau même de notre sensibilité : une antique tradition parle des *sens spirituels*. L'homme qui était jusque-là aveugle, sourd, insensible, fermé aux réalités spirituelles, peut enfin s'y ouvrir, « il est guéri de son infirmité ». Il peut enfin voir, entendre, parler et... aimer.

La paix reçue de Dieu

« Cette maladie n'est pas mortelle », déclare Jésus au moment même où son ami Lazare est en train de mourir (Jn 11). Quel paradoxe ! Les assistants s'étonnent : « Lui qui a guéri l'aveugle-né ne pouvait-il empêcher Lazare de mourir ? » Pourquoi, en effet ? C'est le pourquoi de Job, celui des Psaumes, celui de tous les malades, de tous les infirmes, de tous les malheureux. C'est aussi celui du Christ : « Mon Dieu, pourquoi m'as-tu abandonné ? » ... Un pourquoi laissé sans réponse !

Mystère de la souffrance humaine, de ce qui ne saurait être ni expliqué, ni justifié ! Les causes de la souffrance sont multiples : accidents, virus, deuils, catastrophes, échecs... Mais celui qui souffre ne cessera jamais de se demander : « Pourquoi moi ? Pourquoi faut-il que, moi, je souffre ? » Répondre à brûle-pourpoint : « Pour la gloire de Dieu », comme Jésus l'a fait à la mort de Lazare, risque fort d'apparaître, de prime abord, peut-être comme un blasphème, au moins comme une sinistre plaisanterie ! Dieu serait-il glorifié par nos souffrances ?

Et cependant, l'Évangile est là. Saint Paul ne s'écrie-t-il pas : « Je trouve ma joie dans les souffrances que j'endure pour vous et, ce qui manque à la Passion du Christ, je l'achève en ma chair pour Son Corps qui est l'Église » (Col 1,14) ? Bien des siècles plus tard, un Pascal lui fait écho : « Faites, Seigneur, qu'étant malade comme je suis, je vous glorifie dans les souffrances... Unissez-moi à vous... Entrez dans mon cœur et dans mon âme pour y porter mes souffrances et pour continuer en moi ce qui vous reste à souffrir de votre Passion [3] » ? Dolorisme ? Jansénisme ? Désir plus ou moins masochiste de souffrir ? Au-delà des déviations toujours possibles, et parfois constatées, il faut voir, dans ces prières, un acte de foi et d'amour. Attitude héroïque, il est vrai, qui fait peur à notre faiblesse humaine. Saint Paul lui-même a connu cette peur (2 Co 12,8-9). « Ma grâce te suffit », lui fut-il répondu. Là sans doute est la dernière réponse !

> Les médecins ne te guériront pas, car tu mourras à la fin. Mais c'est Moi qui guéris... Souffre les chaînes et la servitude corporelles ; je ne te délivre que de la spirituelle à présent [4].

C'est encore Pascal qui met ces paroles dans la bouche du Christ. Là est pour lui la véritable guérison, la guérison du péché et de tout ce qui constitue une « servitude spirituelle ». C'est le *cœur* de l'homme qui est ainsi guéri. Délivré du péché, le croyant peut se tourner avec confiance vers son Sauveur et redire humblement les paroles du Notre Père : « Pardonne-nous nos péchés... Délivre-nous du mal. » Et dans cette humble confiance, espérant contre toute espérance, il retrouve la vraie liberté des enfants de Dieu.

« Tes péchés sont pardonnés », disait Jésus au paralytique : c'est le premier mot, le mot décisif, celui qui signifie un Amour retrouvé. Puis : « Lève-toi et marche ! » : c'est alors le *signe* par lequel est rendue manifeste la transformation spirituelle, l'existence intérieurement renouvelée, un signe qui n'est pas toujours visiblement donné. Enfin :

---

3. « Prière pour demander le bon usage des maladies », dans *Pascal, Choix de textes présentés par Albert Béguin*, Egloff, Paris, 1947, p. 263.
4. « Le mystère de Jésus », *ibid*, p. 222.

« Ta foi t'a sauvé, va en paix » : n'est-ce pas le mot de la fin ?

Une angoisse qui s'apaise, une douleur qui se calme, un cœur qui peut s'ouvrir à l'amour... Se sentir en paix avec soi-même et avec les autres... Tout cela, qui n'est pas rien, *peut* aussi devenir le signe de la présence et de l'action d'un Dieu qui pardonne, réconcilie et ressuscite. Alors « la paix de Dieu qui surpasse toute idée qu'on peut s'en faire tend à envahir nos cœurs et nos pensées » (Ph 4,7). Sauf miracle (toujours possible), cela ne se fera pas sans notre collaboration et nos efforts. A chacun, selon ses moyens, de préparer le terrain où pourra germer la semence divine et de trouver, avec la grâce de Dieu, la voie de la vraie guérison.

6. Si tu veux être parfait...

Un idéal de perfection?

« Soyez parfaits », disait Jésus dans le discours sur la montagne (Mt 5,48). « Si tu veux être parfait... », redisait-il au jeune homme riche (Mt 19,21). Certaines expressions, couramment utilisées dans la littérature spirituelle, reprennent inlassablement le même thème... et risquent par là d'induire en erreur celui ou celle qui veut s'engager sérieusement à la suite du Christ. « Appel à la vie parfaite », « idéal de perfection », « tendre à la perfection »... Certains saints ont fait, disent-ils, « le vœu du plus parfait », se déterminant ainsi à toujours choisir, dans leurs actions quotidiennes, ce qui leur paraît « le plus parfait »... et donc le plus difficile. Mais n'est-il pas demandé à tous « d'éviter soigneusement, autant qu'il leur est possible, toute imperfection »? Une vie imparfaite, une volonté imparfaite, sont-elles dignes de l'appel de Dieu?

N'allons pas trop vite. Idéal, perfection, désir ou volonté de perfection : qu'est-ce à dire? Dans ce qui semble, à première vue, être un appel de Dieu, quels ressorts psychologiques sont à l'œuvre? Qu'est-ce qui meut un être humain dans cette « volonté d'être parfait »? Une telle volonté, un tel désir, sont-ils, au regard du psychologue, parfaitement purs ? Quels éléments humains entrent en jeu ? Quels risques peut-on courir sur ce chemin de la perfection ? Sans nier le moins du monde ce qu'il peut y avoir de sain et de généreux dans certaines attitudes et certaines résolutions, sans méconnaître l'authenticité d'un appel à suivre le Christ avec toujours plus de courage, « avec un cœur large et généreux » (saint Ignace), n'est-il pas nécessaire d'y regarder de plus près et de discerner ce qui peut, en fait, se glisser ici d'équivoque ? Un tel discernement nous semble indispensable et permettra sans doute d'éviter de dangereuses illusions. Essayons d'y voir, sur ce point, un peu plus clair.

Vivre dans l'idéal ?

Les recherches psychanalytiques ont souvent porté sur les aspects idéaux de la personnalité : « moi idéal », « idéal du moi », « surmoi », mais aussi « idéalisation », « sublimation », etc. Ces recherches peuvent nous être d'un grand secours, en éclairant certaines zones obscures dans lesquelles règne parfois une fausse clarté. Précisons donc la signification exacte de ces différents termes.

Un mot revient facilement sous la plume des psychanalystes, dès qu'il s'agit d'idéal ou d'idéalisation, voire de sublimation : c'est celui de *narcissisme*. On connaît, bien entendu, le mythe de Narcisse, amoureux de sa propre image aperçue dans le miroir d'une eau tranquille : on sait aussi qu'il en est mort ! « Aimer sa propre image » : tel est le programme de celui ou de celle qui, consciemment ou non, « se voit dans l'idéal ». Et cette image idéale de soi-même, à laquelle on ne cesse de se référer, est, bien sûr, une image... parfaite !

On objectera peut-être que c'est là pousser les choses

un peu loin, que chacun de nous se sait imparfait : il faudrait être aveugle pour ne pas s'en rendre compte.

Là encore, pourtant, c'est compter sans l'inconscient. Quelque chose en nous résiste à cette banale constatation que « la perfection n'est pas de ce monde ». Tout n'est peut-être pas parfait, accorde-t-on, mais tout serait tellement plus facile si... tout était parfait. Plus facile, donc souhaitable (toujours le « principe de plaisir ») ! Alors, sans le dire et sans se le dire, plus ou moins subrepticement, « on arrange un peu la réalité », on ne veut plus voir que ce qui valorise, en un mot : on *idéalise*. L'idéal est toujours tellement mieux que le réel.

Cette tendance à l'idéalisation, si souvent repérée par les psychologues (et par bien d'autres), a de profondes racines dans le psychisme humain. On la retrouve dans l'état amoureux (l'amour, dit-on, est aveugle), mais aussi dans l'attachement... aveugle à un chef ou à une cause, bref, dans toutes les formes que peut prendre l'amour, sans en exclure... l'amour de soi [1]. Dans chacun de ces cas se produit une sorte de *surestimation* de l'objet aimé et, par là, *de soi-même*.

Comment donc concevoir ce processus d'idéalisation ?

L'idéalisation est un processus psychique par lequel les qualités et la valeur de l'objet sont portées à la *perfection*. L'identification à l'objet idéalisé contribue à la formation et à l'enrichissement des instances idéales de la personne : moi idéal, idéal du moi, etc. L'idéalisation est toujours fortement marquée de narcissisme [2].

Quant à l'*idéal du moi*, dont on peut rapprocher, tout en le distinguant, le *moi idéal*, c'est (selon les mêmes auteurs) :

---

1. Cf. Sigmund Freud, « Psychologie collective et analyse du Moi », dans *Essais de psychanalyse*, Petite Bibliothèque Payot 44, p. 83-175.
2. Jean Laplanche et J.-B. Pontalis, *Vocabulaire de la psychanalyse*, PUF, 1967, articles « Idéalisation » (p. 186), « Idéal du moi » (p. 184), « Moi idéal » (p. 256).

une instance de la personnalité résultant de la convergence du narcissisme (idéalisation du moi) et des identifications aux parents, à
leurs substituts ou aux idéaux collectifs..., modèle auquel le sujet
cherche à se conformer [3].

Conformité à une image, empruntée, certes, aux personnes qui composent l'entourage, mais reconstruite au
gré des craintes et des désirs du sujet, selon des processus (inconscients) qui n'en restent pas moins au plan imaginaire. Pourrait-il en être autrement, quand il s'agit
justement... d'une image ? Cette image est, tout d'abord,
celle des parents, la mère, puis le père, ou tous ceux qui,
dans le premier âge, en tiennent lieu ; mais, insistons sur
ce point, il s'agit moins des parents réels que de la manière
dont ils sont perçus par le tout jeune enfant, et il peut y
avoir une grande distance entre l'image que celui-ci se fait
de ses parents et ce qu'ils sont (ou croient être) en réalité.
Rappelons, ici encore, que le bébé n'acquiert que très progressivement, très difficilement, le sens du réel et de la
mesure. On a pu parler de la « mégalomanie » et de la
« toute-puissance » infantile du désir : tout semble possible, puisque, dans sa faiblesse native, l'enfant ne peut que
demander, disons mieux : il n'a qu'à demander pour recevoir. Mais, dans ce contexte, les parents, et d'abord la
mère, apparaissent facilement comme « tout-puissants ».
Ne sont-ils pas ceux dont on attend tout et qui donnent
tout, pourvu qu'on le leur demande ? Dès lors, en s'iden-
tifiant imaginairement à ses parents, l'enfant se fait,
inconsciemment bien sûr, une image de lui-même inves-
tie de la même « toute-puissance ». Quand, plus tard, il
s'identifiera à des personnages prestigieux (l'*identification
héroïque* signalée par D. Lagache), il ne fera que prolonger cette attitude infantile : « Je serai ou ferai comme
eux... ou mieux encore ! »

3. *Ibid.*, p. 184.

Une bien belle image

« Toute-puissance infantile du désir », primauté de l'imaginaire, nous voici à nouveau dans le domaine de l'illusion. S'appuyant sur un texte de Freud (« Le Moi et le ça »), certains analystes n'hésitent pas à déclarer que

la *sublimation* (elle-même, qu'on distingue pourtant de l'idéalisation) est étroitement dépendante de la dimension narcissique du moi, de sorte qu'on retrouverait, au niveau de l'objet visé par les activités sublimées, le même caractère de *belle totalité* que Freud assigne ici au moi[4].

Une « belle totalité », un moi auquel rien ne manque, un personnage aux lignes parfaites, aux vertus parfaites, voilà donc ce qui est visé : on veut être une perfection. Mais, outre qu'une telle prétention comporte une large part d'irréalisme, il y a loin entre cette perfection imaginée et le dur et long *chemin* de la perfection. Toute la distance qu'il y a entre l'idéal et le réel.

Plusieurs remarques sont ici nécessaires. Tout d'abord, « se voir dans l'état de perfection », s'imaginer parfait, c'est se prétendre à l'avance au bout du chemin, c'est anticiper de façon imaginaire un résultat supposé acquis, c'est donc se situer au terme du voyage, là où il n'y aurait plus à faire, par définition, aucun progrès. Ce serait donc faire l'économie du cheminement, de l'effort, de la lente et pénible avancée sur une route semée d'obstacles, une route sur laquelle l'homme est constamment confronté à sa faiblesse et à ses limites. On croit, selon l'expression familière, « que c'est arrivé ». Freud rapporte l'histoire de cet étudiant en médecine (lui-même peut-être) qui, peu désireux, un matin, de se lever, rêvait, dans son demi-

---

4. *Vocabulaire de la psychanalyse, op. cit.*, art. « Sublimation », p. 466.

sommeil, qu'il était déjà à l'hôpital... ce qui le dispensait d'y aller. Dans son rêve, il s'y voyait même malade et au lit, ce qui le dispensait de se lever. Et le client (obsessionnel) d'un analyste contemporain se voyait, lui, en rêve sous la forme d'un splendide « gisant » de marbre : plus rien n'était à faire, plus rien ne bougeait, « tout était consommé », sa vie était achevée, comme on parle d'une œuvre achevée ; il était beau, parfaitement beau, mais il était mort !

Ce ne sont là que des rêves : comme tout rêve, ils suppriment le temps... et donc la vie. L'état de perfection rêvé supprime le chemin de la perfection... à parcourir. On n'a plus qu'à contempler, dans le miroir, la belle image qu'on s'est fabriquée : Narcisse est toujours là, en chacun de nous. Mais une telle « contemplation » reste stérile ; pire encore, elle est mortifère : si beau soit-il, le « gisant » ne bouge plus ; il est définitivement fixé... dans la mort.

Ce que je veux et désire

Mais ne parle-t-on pas légitimement d'un désir, d'une volonté de perfection ? Les auteurs spirituels ne recommandent-ils pas un tel désir ? N'est-ce pas le sens du *id quod volo*, « ce que je veux et désire », ignatien ? Y renoncer, n'est-ce pas se résigner à vivre dans une lâche médiocrité ? « Si tu veux être parfait... » : en quoi consiste donc ce vouloir ?

La volonté est souvent conçue comme la faculté de se décider et d'agir contre toutes les oppositions du dedans et du dehors. Elle fait ainsi partie de l'idéal d'un Moi qui tend à s'affirmer contre tout ce qui s'oppose à lui. Elle a pour corrélatif les « forces contraires » par lesquelles ce Moi se sent déterminé... Cette conception de la volonté est aujourd'hui battue en brèche par la découverte des innombrables influences qui se croisent dans chaque acte humain. L'homme se sait de plus en plus agi et mené à son insu, alors même qu'il croit maîtriser son destin [5].

« Décider », c'est-à-dire trancher, « agir contre », « maîtriser son destin », « s'opposer aux forces contraires », toutes ces expressions, que l'on retrouve couramment dans la littérature spirituelle, tendent à définir la volonté comme la faculté de s'opposer, de contrer... Ne retrouverait-on pas ici le fameux *agere contra*, « agir contre », des *Exercices spirituels* (n° 97)? Mais agir contre quoi? Le même texte ignatien parle « d'engager la lutte contre tout ce qui attache à la chair et au monde » *(ibid.)*, contre tout ce qui, dans l'homme, serait « trop humain ». Fort bien, mais n'y a-t-il pas le risque de lutter, non pas seulement contre le « trop humain », mais contre tout ce qui est simplement humain? La volonté ne serait-elle pas alors une faculté inhumaine? Ne serait-elle que négative?

D'autres conceptions, il est vrai, sont possibles. Dans la plus pure ligne de la philosophie de saint Thomas d'Aquin, la volonté n'est-elle pas considérée, d'abord et avant tout, comme un désir, un désir d'être, un dynamisme (en latin : *appetitus*)? Et même si ce désir est ou doit être réglé par la raison (appétit rationnel, dit saint Thomas), si donc il doit se soumettre à une règle, il ne s'enracine pas moins dans un désir fondamental, primaire, un vouloir vivre élémentaire, qui, d'une certaine façon, le précède. « D'abord vivre, a-t-on répété, ensuite seulement philosopher, c'est-à-dire réfléchir » : la réflexion est toujours seconde, même si elle est et demeure indispensable. « Animal raisonnable » : la raison, sans doute, est le propre de l'homme et c'est bien pourquoi il est doué

---

5. Louis Beirnaert, *Qu'est-ce que vouloir?*, ouvrage collectif, Cerf, 1958, p. 7.

d'une volonté libre ; mais il n'en est pas moins « animal », « corps animé ». Nous retrouvons ici ce que nous développions plus haut : le sujet humain est d'abord mû par des pulsions, il est un « être pulsionnel », avant que l'interdit et la loi ne l'amènent à renoncer aux satisfactions immédiates pour accéder à son véritable statut d'être humain, capable, dans une certaine mesure, une mesure toujours limitée, de poser des actes intelligents, volontaires et libres.

Une conduite libre, a-t-on pu dire, est une conduite qui utilise des *poussées* pour répondre à des *appels*. Et l'adulte maître de ses « poussées », capable d'accepter ces « pressions », pourra seul répondre aux appels... La route est longue qui fera du tout jeune enfant un homme capable de maîtriser et d'accepter les déterminismes qui le poussent, mais, en même temps, d'accueillir sans servilité et sans amertume les appels que les personnes et les valeurs lui adressent [6].

Que la volonté ait à s'opposer à tout ce qui pourrait asservir l'être humain, le réduire au rang d'animal, faire de lui un jouisseur ou un égoïste, c'est évident et, sur ce point, le combat est inévitable. Mais n'a-t-elle pas surtout à *gérer* au mieux toutes ces tendances, tous ces dynamismes qui sont, ne l'oublions pas, constitutifs du psychisme humain ? S'il est vrai que « la grâce ne supprime pas la nature, mais la mène à sa perfection », la volonté n'a-t-elle pas à en faire autant ?

Les défaillances de la volonté

Mais c'est encore là que le bât blesse : pour que la volonté puisse jouer son rôle, pour que le désir de

---

6. J.P. Deconchy, *Le développement psychologique de l'enfant et de l'adolescent*, Éditions ouvrières, 1966, p. 15-19.

l'homme se fasse raisonnable, pour que le sujet humain accède enfin à sa propre liberté, il est nécessaire que les dynamismes élémentaires, les forces primitives, archaïques, qui l'habitent, aient pu être relativement bien intégrés et canalisés. Il ne faut surtout pas qu'ils aient été bloqués, refoulés, méconnus ou déviés. Si c'était le cas, la volonté elle-même se trouverait plus ou moins paralysée, privée de dynamisme ou de point d'appui. Divers désordres peuvent résulter d'un tel état de choses, qui ont été souvent signalés [7].

Certaines personnes n'arrivent plus à vouloir, leur volonté est malade ; on parlera d'*aboulie*. D'autres ne peuvent « vouloir » que de façon impulsive, au coup par coup ; cela donnera des vouloirs éphémères, momentanés, sans durée, sans persévérance possible. Mais il y a, en contrepartie, des volontés crispées, raidies, sans souplesse, incapables de s'adapter aux circonstances : c'est le fait de sujets facilement « cassants », mais, en réalité très fragiles. Comme le verre, leur volonté raidie peut casser au moindre choc... Et il y a, c'est d'expérience banale, des volontés divisées : on veut et on ne veut pas tout à la fois ; la volonté n'est jamais entière, jamais totale ; il y a toujours un « je voudrais bien, mais... ». Et ce « mais » bloque tout : rien ne peut faire sortir d'une permanente hésitation.

Désir de perfection ? Que peut signifier un tel désir, si la volonté est ainsi défaillante ? « Je ne fais pas ce que je veux et je fais ce que je ne veux pas », disait saint Paul (Rm 7,15). Ayant oublié, méconnu ou refoulé toute une part de lui-même, l'homme demeure partagé, coupé de ses

---

7. Voir, par exemple, entre bien d'autres, l'ouvrage déjà ancien, mais classique, de Juliette Boutonier, *Les défaillances de la volonté*, PUF, 1945.

racines. Que faire, quand fait défaut un certain désir de vivre ou quand ce désir s'est trouvé prématurément vicié ? Que faire quand manque un certain élan vital, fruit d'un minimum d'unité intérieure ? Que faire, quand on en arrive à vouloir se faire vivre à tout prix, à « vivre à coup de volonté » ? Une telle vie est-elle encore une vie, quand elle ne procure plus aucune satisfaction, aucune joie ? La satisfaction du devoir accompli, est-ce là toute la perfection ? Il suffit de vouloir, dit-on ! De vouloir... quoi ?

Ce qu'on appelle volonté de perfection risque de devenir un *déni* de tout ce qui, dans l'homme, n'est pas parfait, un refus de tout ce qui ne correspond pas à l'image idéale qu'on se fait, peut-être inconsciemment, de soi-même, refus, surtout, de tout ce qui s'agite obscurément dans les profondeurs du psychisme et qu'on a tendance à considérer comme « purement animal » ou « grossier », indigne d'un être qui se veut ou se voudrait « purement spirituel ». Un certain angélisme commande (ou souhaiterait commander) les réactions et les attitudes, mais cette volonté de vie angélique ne correspond plus en rien aux conditions d'une vie humaine ; elle devient, encore une fois, inhumaine. « Qui veut faire l'ange fait la bête » : la liberté qui devrait être, selon le mot de P. Ricœur, une « liberté seulement humaine », se trouve, bon gré mal gré, pervertie et faussée. Se croyant, ou voulant se croire libre de « tout ce qui dans l'homme n'est pas le plus humain » (Dalbiez), mais qui n'en est pas moins à la base de tout développement humain, l'homme, loin d'éprouver ce sentiment de liberté qui fait vivre, se voit repris dans le cycle des obligations et des contraintes qui marquent à nouveau l'entrée dans la *névrose obsessionnelle*.

Le « Si tu veux être parfait... » de l'Évangile devient alors : « Tu *dois* être parfait ! » Ce qui, dans le récit évangélique se traduisait par le « Une chose te manque, va, vends tout ce que tu possèdes et donne-le... », ce qui, par conséquent, ouvrait un espace de liberté, devient : « Tu n'es pas encore parfait. Tu dois acquérir ce qui te manque de perfection ! » Là où il s'agissait de se libérer en donnant, il ne s'agit plus que d'acquérir dans une volonté crispée, de ne rien laisser échapper. Perfectionnisme ? On serait tenté de dire : perfectionnite. Car c'est bien d'une sorte de maladie qu'il s'agit. La volonté (?) d'être parfait devient une obsession. Où est donc « la liberté des enfants de Dieu » (Rm 8,21 ; Ga 5,1) ? Elle semble bien loin.

Tendre à la perfection

Faut-il alors renoncer à vouloir se perfectionner ? Tendre à la perfection, serait-ce toujours un signe de névrose ? Le « Soyez parfait » de l'Évangile serait-il à reléguer dans le domaine des illusions ? Ce serait aller un peu vite. Où serait, dans ce cas, la vie spirituelle ? Où serait « la montée du Carmel » ? Pourrait-on même parler d'une vie authentiquement humaine, avec tout ce que celle-ci comporte de don de soi, d'ouverture aux autres, de simple moralité ? On peut en douter ! Quiconque n'est pas animé par de grands désirs, quiconque manque de volonté, ne mènera, à coup sûr, qu'une existence atone, insignifiante, sans valeur.

Vouloir est donc bien nécessaire, mais qu'est-ce à dire ? Vouloir, c'est d'abord faire des projets : l'idée même de volonté, s'articulant sur celle de désir, implique *un but qu'on se fixe*, une voie dans laquelle on s'engage résolument, un effort que l'on exige de soi-même. « Que vais-je faire maintenant ? », se demande-t-on. Et ce but, qu'on commence par *se représenter*, il faut d'abord l'*imaginer*. Pas de grande découverte, pas de grande œuvre, sans un effort d'imagination :

Sur son lit de malade, Inigo de Loyola *imaginait* (le mot est dans le texte) ce qu'il pourrait faire à l'avenir :

En lisant la vie de Notre-Seigneur et des saints, il (Ignace parle de lui-même à la troisième personne) s'arrêtait pour penser, raisonnant en lui-même : « Que serait-ce si je faisais ce qu'a fait saint François ou ce qu'a fait saint Dominique ? Et il réfléchissait ainsi à de nombreuses choses difficiles et pénibles ; quand il se les proposait, il lui semblait trouver en lui de la facilité de les réaliser. Mais toute sa réflexion était de se dire en lui-même : « Saint Dominique a fait ceci, eh bien moi, il faut que je le fasse. Saint François a fait cela, eh bien, moi, il faut que je le fasse... » Il s'attardait à la pensée qui se présentait, qu'il s'agisse de ces exploits mondains qu'il désirait faire ou de ces autres exploits pour Dieu qui s'offraient à son imagination [8].

Témoignage intéressant à plus d'un titre. Notons seulement, pour notre propos, que nous sommes bien ici dans le registre de l'*imaginaire*. Ignace le remarque lui-même. De plus, toute sa réflexion est centrée sur lui-même, ce qu'il envisagerait de faire, ce qu'il pourrait faire : « *Moi*, il faut que je le fasse. » A ce premier niveau, imaginaire, tout paraît facile. « Il lui semblait trouver en lui la facilité de les réaliser. » D'autre part, c'est par une sorte de comparaison qu'Ignace s'excite à entreprendre et à réaliser de tels exploits : « Saint François... saint Dominique. Pourquoi pas moi ? » ... Nous retrouvons ici le processus d'*identification héroïque* décrit plus haut : on se donne des modèles, et des modèles à dépasser. Mais finalement, point capital, chez un actif comme Ignace, la représentation imaginaire devient projet d'action : « Il faut que je fasse. » Le rêve se fait projet et l'action concrète viendra lester de son poids de réalité ce qui n'était alors qu'imagination pure. Mais ce sera d'une autre manière.

Se représenter : le mot revient souvent dans les *Exerci-*

---

8. Saint Ignace, *Récit*, Desclée de Brouwer, 1987, n° 7, p. 62-63.

ces spirituels. C'est dire la place importante de l'imaginaire dans tout projet humain, fut-il spirituel. Une telle représentation servira de point de départ, de pôle de référence, et c'est en fonction d'elle que seront appréciés, jugés, les efforts accomplis, les progrès réalisés, ou, au contraire, les échecs et les reculs. De même que, pour réaliser une œuvre, l'artiste ou l'artisan a besoin d'un devis, d'un modèle, de même le sujet humain a besoin, consciemment ou non, de se donner une certaine image de lui-même tel qu'il voudrait ou souhaiterait être et cette image est elle-même le résultat de diverses *identifications*. Elle se constitue, pour reprendre une expression technique de Jacques Lacan, « au lieu du désir de l'Autre », c'est-à-dire en fonction de l'attente de l'Autre ou des autres, telle, du moins, qu'on la conçoit.

En toute représentation, le mot même l'indique, il y a un élément *spectaculaire* ; on se donne en spectacle : non seulement on se regarde, mais on se regarde à partir du regard d'autrui, vrai ou supposé. On veut devenir quelqu'un, mais quelqu'un aux yeux de l'autre (ou des autres). Dans la question, inévitable même si elle ne se formule pas explicitement : « Qui suis-je ? » ou « Que devrais-je être ? », un complément est toujours sous-entendu : « Qui suis-je pour lui, pour elle, pour eux ? », « Que devrais-je être pour répondre à leur attente ou à leur désir ? », qu'il s'agisse ici des parents, des éducateurs, de l'entourage, de celui ou de celle qu'on aime... ou de Dieu. Le désir de l'homme, a-t-on dit, c'est le désir de l'Autre : « l'humanisation » de l'homme ne saurait se concevoir autrement, et la vie spirituelle pas davantage.

Là, de nouveau, risque d'être le piège. Si important que soit cet imaginaire dans l'élaboration d'un projet, il ne prend de valeur que par la mise en œuvre des moyens concrets qui en permettront la réalisation effective. La rencontre du réel, l'affrontement de la dure réalité, serviront de test pour la validité des projets qu'on a pu former. Bien des modifications devront être apportées ; des conversions ou des reconversions devront s'opérer ; des imprévus surgiront, etc. Contrairement à ce qu'on avait peut-être pensé, on n'est jamais au bout, jamais arrivé. D'autres perspectives peuvent toujours s'ouvrir dont il faudra tenir compte... Il faut vivre, non rêver.

La Lettre tue

Tendre à la perfection ou se croire (déjà) parfait ? Celui ou celle qui, de façon imaginaire, s'est forgé une certaine idée de la perfection et qui s'y accroche, quoi qu'il arrive, sans tenir compte du réel et surtout du réel qui est en lui (ou en elle), s'épuisera sans nul doute en efforts exténuants et finalement stériles, tout simplement parce que ces efforts sont irréalistes. L'idée alors tue la vie. Ne voulant être que l'image parfaite qu'on se fait de soi-même, on se refuse à la rencontre et au désir de l'autre ; on évite soigneusement tout ce qui pourrait déranger... « Je hais le mouvement qui déplace les lignes... » Il ne reste dès lors que l'immobilisme raidi, l'impossibilité de changer, la peur du risque. Certaines formes d'*intégrisme* pourraient ici être évoquées. On reste fidèle, certes, mais fidèle à une image et, du coup, on refuse la vie, la vie qui pousse en avant.

Une telle façon d'envisager la perfection, à l'opposé de toute idée de perfectionnement, puisque vouloir se perfectionner suppose qu'on se reconnaisse imparfait, conduit facilement au *légalisme* et au *pharisaïsme*. Observer la loi à la lettre : tel est bien l'idéal de celui que l'Évangile nomme le pharisien ; ne rien laisser passer des plus minutieuses prescriptions, ne s'écarter en rien des moindres directives, s'acquitter scrupuleusement des plus minimes obligations, faire tout son devoir, sans rien omettre, sans rien manquer. N'est-ce pas là la perfection ?

Rien à se reprocher : on est irréprochable ! Dieu lui-même n'a plus rien à dire : Il ne peut que reconnaître que tout est en ordre ; il n'a plus qu'à payer son dû, comme le maître de la vigne, selon la parabole évangélique, paie, en fin de journée, ses ouvriers ! A la limite, c'est Dieu qui devient le débiteur. J'ai fait tout ce que j'avais à faire : je ne demande qu'à être payé, semble-t-on dire. « Que Dieu s'acquitte maintenant de sa dette, et nous serons quittes. » Donnant, donnant... Mais reste-t-il encore la place pour un véritable don, un don qui ne soit pas un marché ? Ne cherche-t-on pas avant tout des garanties, la garantie d'obtenir *à coup sûr* ce qu'on appelle la bienveillance divine, c'est-à-dire, finalement, ce qui va dans le sens de son intérêt « bien compris » ?

Caricature ? Sans doute ! Mais on risque fort de se laisser prendre au piège de certaines expressions, pourtant traditionnelles : « atteindre à la perfection », « se mettre en règle avec Dieu », « acquérir des mérites », etc. Expressions désuètes, peut-être (et encore), mais dans lesquelles se trahissent des attitudes jamais totalement disparues. Au fond, on en revient toujours là : on voudrait bien « n'avoir rien à se reprocher ». Mais, ce faisant, quel que soit le sens par ailleurs légitime qu'on donne à cette dernière formule, on voudrait bien être sûr... de ne pas y perdre. « Qui perd sa vie la trouvera », disait Jésus : on veut bien jouer à « qui perd gagne »... mais à condition d'être sûr de gagner ! On consentira, pour cela, à faire un certain nombre de sacrifices, mais pour pouvoir se présenter la tête haute, « sans peur et sans reproche », au tribunal de Dieu.

Acquérir des mérites, attendre une récompense, obte-

nir des garanties, un peu comment on souscrit une assurance : la vie spirituelle, si on peut encore l'appeler de ce
nom, ne deviendrait-elle pas, dans ces conditions, un simple... échange commercial ? N'en arriverait-on pas à prétendre, en quelque sorte, au prix d'une perfection
supposée acquise, à *acheter* la grâce de Dieu ?

Que devient Dieu en tout cela ? Il est, certes, Celui à qui
on doit un jour rendre des comptes, Il est le Maître devant
qui on ne peut que se prosterner, Son amour (si amour
il y a) apparaît comme terriblement exigeant : ne faut-il
pas être absolument pur pour se présenter devant lui, Lui
qui est, comme on l'a dit et répété, le Saint, l'Absolue
pureté ? Mais alors, comme nous le remarquions dans un
de nos précédents chapitres, comment ne pas craindre,
comme ne pas redouter de commettre la moindre faute,
de « ternir si peu que ce soit le pur miroir de notre âme »
créée par Lui à Son image et ressemblance ?

Miroir : « Dieu et la psyché se regardent comme dans
un miroir » a-t-on dit [9]. Mais, qu'est-ce à dire, sinon que
Dieu n'est plus qu'un beau miroir dans lequel l'homme
contemple sa propre perfection ? S'agit-il encore du vrai
Dieu, du Dieu d'amour, du Dieu qui fait grâce, bref, du
Dieu de Jésus-Christ ?

Viens, suis-moi !

« Si tu veux être parfait, disait Jésus à son interlocuteur, va..., donne..., viens et suis-moi. » Donner et se
donner, sans marchander ni attendre une rétribution quelconque, aller de l'avant sans se regarder ni se retourner
vers le passé, venir à Celui qui appelle et ouvre un ave-

---

9. *Dette et désir, op. cit.*, p. 115.

nir, le suivre sans toujours savoir où Il va, telle est la conversion, tel est le mouvement, auxquels invite le Seigneur. Suivre le Christ, c'est se mettre en marche avec Lui et non se prévaloir d'une perfection sans défaut.

Suivre le Christ, c'est donc marcher les yeux fixés sur lui. « Que cherchez-vous ? » demandait Jésus aux premiers disciples. « Où demeures-tu ? » répondent-ils (Jn 1,38). Ils ne cherchaient pas quelque chose, fût-ce un idéal de perfection, mais quelqu'un, quelqu'un qu'ils puissent rencontrer, quelqu'un qui leur parle et qui les entraîne. Pour eux, pas de plans préétablis, pas de repliement sur eux-mêmes, pas de succès « à la force du poignet ». « C'est dans mes faiblesses que je me glorifie », dira saint Paul (2 Co 12,5). Une seule chose compte : la rencontre avec Quelqu'un à la suite de qui ils s'engagent tout entiers, avec leurs bons et leurs mauvais côtés, leurs prétentions (souvent illusoires) et leurs faiblesses, vers un avenir inconnu.

Encore faut-il pouvoir suivre Jésus ! Comment le pourraient-ils, pauvres hommes qu'ils sont ? Et comment le pourrions-nous nous-mêmes qui prétendons, aujourd'hui encore, nous mettre à la suite du Christ ? Comment, sinon par grâce : « Je peux tout en Celui qui me donne la force » (Ph 4,13). Cette audacieuse affirmation de Paul, ne pouvons-nous la reprendre à notre compte ? Ne pouvons-nous compter, à notre tour, sur cette grâce du Christ, qui, non seulement libère (Ga 5,1), mais qui donne la force d'user pleinement de cette liberté ? « Si vous croyez..., vous serez vraiment libres », dit le Seigneur (Jn 8,31-32), ou, plus précisément, « si vous demeurez dans ma parole, vous connaîtrez la vérité et la vérité fera de vous des hommes libres ».

Un idéal de perfection ? Bien plutôt la confiance faite à la Parole de l'Autre, une foi qui se donne et s'engage sans conditions, la réponse à un appel personnel : « Viens, suis-moi. » Il ne s'agit plus de s'examiner à la loupe pour surprendre le moindre défaut, mais de se laisser attirer par Celui qui a dit : « J'attirerai tous les hommes à moi » (Jn 12,32).

Serait-ce là une confiance aveugle, un manque de liberté, une sorte de démission ? Ne serait-ce pas plutôt l'acte de la plus haute liberté, celle qui cesse de se crisper sur elle-même, de s'enfermer dans ses propres projets, de se barricader dans ses défenses, pour s'ouvrir enfin à de plus larges horizons, à l'appel de l'Autre et des autres ?

Qu'importent alors les inévitables défaillances, si on se laisse librement emporter par Celui qui nous donne sa force, son Esprit, son Amour, si on ne cesse de Le suivre sur le chemin où Il nous précède, mieux, où Il nous accompagne ? Aller où Il va, marcher où Il marche, parce qu'Il ne cesse de nous guider et de soutenir nos pas, tenir avec Lui jusqu'au bout, parce qu'Il ne cesse de nous relever, Lui faire confiance envers et contre tout, ne serait-ce pas là l'idéal chrétien de la perfection ? On est alors bien loin de tout narcissisme morbide et mortifère, bien loin des retours sur soi nostalgiques et culpabilisants. On est sur une route qui monte, certes, mais où, sans se décourager, on met, autant qu'on peut avec Sa grâce, ses pas dans les pas du Christ.

Il n'y a pas, pour le chrétien, d'autre perfection.

7. Renoncer à tout ?

Vrai ou faux renoncement ?

« Quiconque vient à moi sans haïr son père, sa mère, sa femme, ses enfants, ses frères et sœurs, et jusqu'à sa propre vie, ne peut être mon disciple... Quiconque ne renonce pas à tout ce qu'il possède ne peut être mon disciple » (Lc 14,26-35).

Même si la récente Traduction œcuménique de la Bible atténue quelque peu l'expression (« sans me préférer à son père, etc. »), la formule, dans la bouche de Jésus, n'en est pas moins rude et les derniers mots sonnent désagréablement à nos oreilles : « renoncer à tout ». Peut-on vraiment renoncer à tout ? Si c'était le cas, serait-ce là l'essentiel du message chrétien ?

D'autres religions ou d'autres spiritualités prônent, il est vrai, un semblable détachement : songeons à certaines formes du bouddhisme, par exemple. Le renoncement total n'est donc pas un apanage du christianisme. Reste que les contextes sont différents et que les chrétiens, par l'accent qu'ils mettent sur la valeur de l'histoire, en fonction du mystère, pour eux central, de l'Incarnation, ne sauraient, sans plus, faire leurs ces conceptions venues d'Extrême-Orient. Ils ont à concilier, d'une façon qui leur est propre, présence au monde et détachement, libre utilisation de tout ce que Dieu met à leur disposition et renoncement à posséder quoi que ce soit comme s'ils en étaient absolument propriétaires. Cruel dilemme !

« Désormais, disait saint Paul aux chrétiens de Corinthe, que ceux qui achètent soient comme s'ils ne possédaient pas, que ceux qui tirent profit de ce monde soient comme s'ils n'en profitaient pas vraiment » (1 Co 7,30-31). Triste existence que celle-là ! Faut-il donc n'avoir plus aucune satisfaction, aucun plaisir, aucun goût ? Ne perd-on pas, du même coup le goût de vivre ? « Vanité des vanités », disait l'Ecclésiaste (1,1). Oui, tout devient vain. De telles perspectives sont-elles vraiment chrétiennes ?

Le renoncement sonne aux oreilles de beaucoup comme le glas du plaisir ; il évoque la mortification du corps et du cœur. Il implique l'expérience d'un détachement qui, à différents degrés, a la saveur de la mort. Il balise de ses déchirements une vie dite spirituelle, qui, de nos jours, désigne une vie désincarnée[1]...

Quand on se rappelle les paroles du Christ : « Je suis venu pour qu'ils aient la vie et qu'ils l'aient en abondance » (Jn 10), comment concevoir un tel renoncement ? Nous évoquions plus haut les comportements à base de culpabilité plus ou moins morbide et le légalisme rigide du pharisien ; nous avons souligné tout ce qu'il peut y avoir d'ambigu, voire de pervers, dans de telles attitudes. C'est dans les mêmes perspectives que nous avons maintenant à critiquer certaines façons de concevoir le renoncement.

Certes, un chrétien ne saurait écarter sans plus les termes abrupts, mais souvent répétés par Jésus lui-même, de l'exigence évangélique. Renoncement, abnégation, « mortification » (un mot qui évoque la « mort à soi-même »

---

1. Denis Vasse, *Le temps du désir*, Seuil, 1969, chap. II : « Le renoncement ou la vérité du désir », p. 59.

des livres de spiritualité), tous ces termes ne renvoient-ils pas au mystère de la Croix du Christ, au mystère pascal, de mort et de résurrection ? « Si le grain ne meurt... » (Jn 12) : il faudrait donc mourir ? Comment concilier de telles affirmations avec les données les plus élémentaires de la psychologie humaine, avec tout ce qu'implique un authentique épanouissement de la personne et même avec tout ce que nous apprend la Révélation sur le dessein d'amour du Dieu Créateur ? Faudrait-il, pour plaire à Dieu, détruire l'œuvre de Dieu ?

Si le renoncement était à comprendre comme une attitude mortifère, pour ne pas dire suicidaire, la foi en Dieu tomberait dans la contradiction la plus meurtrière... Il suffirait à l'homme de détruire avec conscience ce qu'il est pour plaire à son Créateur... La mise en œuvre de notre anéantissement irait de pair avec la manifestation de Dieu dans nos vies... Dieu se trouverait névrotiquement glorifié du massacre de son œuvre[2] !

Que devient le Dieu de vie, le Dieu d'amour ? L'Esprit « qui donne la vie », selon le *Credo*, soufflerait-il la mort ?

Jésus, cependant, insiste : pour le suivre, il faut, comme lui et avec lui, « porter sa croix ». « Ne fallait-il pas qu'Il souffrît ? » dit-il d'ailleurs de lui-même aux disciples d'Emmaüs. A quoi saint Paul fait écho : « Je suis pour jamais crucifié avec le Christ... Ne me glorifier que dans la croix de Notre Seigneur Jésus Christ par laquelle le monde est à jamais crucifié pour moi et moi pour le monde » (Ga 2,19 et 6,14).

La tradition chrétienne ne s'y est pas trompée, et tous les grands maîtres spirituels rappellent à l'envi combien il est nécessaire de « souffrir pour entrer dans la gloire ». C'est le célèbre cri de Thérèse d'Avila : « Ou souffrir ou

2. *Ibid.*, p. 62-63.

mourir »... C'est aussi Ignace qui, dans les Constitutions de la Compagnie de Jésus, requiert des membres de son Ordre « une toujours plus grande abnégation de soi-même et une mortification continuelle en toutes choses » (Règle 12ᵉ du Sommaire des *Constitutions*) ! Ce sont les terribles pages de Jean de la Croix : « Rien, Rien, Rien, Rien, Rien... Incline-toi toujours, non au plus aisé, mais au plus difficile, non à vouloir quelque chose, mais à ne vouloir rien... Car, pour parvenir du tout au tout, tu dois te renoncer du tout au tout » (*Montée du Carmel*, 1,13).

Mais c'est toute la littérature spirituelle qu'il faudrait citer : dans des styles divers, selon les mentalités et les époques, on retrouverait indéfiniment le même thème. Pas de vie spirituelle sérieuse et authentique sans souffrance et sans croix. Alors ?

Une vie ascétique ?

Il y a, notons-le, plusieurs façons de renoncer. On dira d'un homme par exemple, qu'il a renoncé au tabac ou à l'alcool, ce qui signifie qu'il a pris la décision de s'en abstenir. Dans la même ligne (toutes proportions gardées), la vieille formule : « Je renonce à Satan, au péché et à tout ce qui conduit au péché », dénote un refus catégorique (au moins en principe), refus de se laisser entraîner là où on ne veut pas aller. Dans les cas de ce genre, prime le refus de se laisser aller, de s'abandonner à la facilité paresseuse.

Mais, à l'inverse, on pourra dire d'un champion sportif qu'il renonce, quand il décide de ne pas continuer la lutte : on dira justement qu'il abandonne. Renoncer, c'est alors précisément s'arrêter dans son effort, refuser de poursuivre, abandonner tout espoir de victoire. Les raisons d'un tel abandon peuvent être multiples : défaillance physique ou psychique, circonstances accidentelles, etc. Reste que, dans tous les cas, « on arrête les frais », on abandonne. Et ce peut être aussi, naturellement, par découragement ou, tout simplement, par paresse !

Pourquoi ces comparaisons sportives ? Parce qu'elles font partie, elles aussi, du premier héritage chrétien ! Saint Paul lui-même s'y réfère : « Ne savez-vous pas, écrit-il, que les coureurs dans le stade courent tous, mais qu'un seul gagne... Tous les athlètes s'imposent une ascèse rigoureuse... Moi, je cours, mais non pas à l'aveuglette, je boxe, mais pas dans le vide. Je traite durement mon corps... pour n'être pas disqualifié » (1 Co 9,24-27).

Nous parlions de renoncement : voici qu'au détour d'une comparaison surgit un autre mot, non moins traditionnel, celui d'*ascèse*. Ascèse : encore un terme qui a mauvaise presse aujourd'hui. Peut-on pourtant s'en passer ? Tous les sportifs (encore eux) savent bien qu'on n'accède à bon niveau qu'en s'entraînant avec persévérance, en multipliant les efforts et les exercices, en s'imposant une certaine discipline de vie : régime alimentaire, rythme de vie, etc. Des privations (tabac, alcool, excès divers) sont indispensables, si on veut « garder la forme ».

Ce qui est vrai dans le domaine sportif ne l'est pas moins dans d'autres domaines : toute activité humaine digne de ce nom ne requiert-elle pas une formation, un apprentissage ? On parlera, dans l'enseignement, des diverses disciplines, c'est-à-dire des diverses matières systématiquement réparties et avec lesquelles il faut peu à peu (et souvent à quel prix) se familiariser. Mais on parlera aussi de cette discipline d'esprit qu'il faut, par de multiples efforts, acquérir si on veut réussir dans sa partie. Mais, ici comme ailleurs, on n'a rien sans peine.

Efforts, exercices, apprentissage : toute éducation les suppose. Les pédagogues le savent bien ; ils savent aussi la difficulté de la tâche : comment imposer un minimum de discipline ? Et comment le faire à bon escient ? Ne faut-il pas, progressivement mais fermement, prévenir les déviations possibles et corriger, si besoin est, ce qui est défectueux ? Corriger : un autre terme malséant. Mais aucune formation ne saurait se passer de correction. Il faut corriger les erreurs ou les fautes, il faut corriger les copies et les examens, mais, surtout, il faudrait corriger un élève : faute de quoi, il ne progressera jamais. Tâche ingrate, il est vrai, mais indispensable, si du moins on désire arriver à un résultat.

« Mon fils, écrivait déjà l'auteur de l'Épître aux Hébreux (citant lui-même un texte du Livre des Proverbes), ne méprise pas la correction du Seigneur, ne te décourage pas quand il te reprend... C'est pour votre éducation que vous souffrez... Quel est le fils que son père ne corrige pas ? » (He 12,5-8). Il est vrai, note le même auteur, que, sur le moment, une telle correction n'a rien d'agréable, elle est « un sujet de tristesse », mais elle produit, après-coup, « des fruits de paix et de justice » *(ibid.)*.

La tradition chrétienne a repris, de siècle en siècle, les mêmes thèmes : ascèse, discipline, pénitence, ont toujours tenu une grande place dans la spiritualité. Effrayantes mortifications des Pères du désert, marquées parfois par certains excès qui nous semblent aujourd'hui à la limite (au moins) de la pathologie : jeûnes prolongés, manque de sommeil, solitude absolue, corps exposé à toutes les intempéries, etc. De tels « exploits » nous laissent rêveurs : ils montrent au moins que ces rudes ermites n'ont pas eu peur d'aller jusqu'au bout de leurs forces... et quelquefois au-delà, pour l'amour de leur Dieu, même s'il s'y mêlait, ici ou là, une certaine volonté « d'améliorer ses performances ». Plus tard, ce fut la discipline monastique (pensons à saint Benoît) plus discrète, plus équilibrée, mais où le renoncement n'est pas absent : exigences de silence, d'oubli de soi, de support des autres dans la vie en commun, refus du confort et des commodités, abstinence, etc. Un saint Bernard insistait longuement sur la nécessité, pour le moine, d'une telle ascèse... et pas seulement pour le moine.

Car la vie chrétienne ordinaire n'est pas pour autant dispensée d'une certaine ascèse. L'Église ne rappelle-t-elle pas périodiquement, ne serait-ce qu'au moment du Carême, les exigences de la pénitence et d'un nécessaire renoncement ? Les formes peuvent varier : l'exigence demeure.

Ainsi, autant les exercices, corporels ou intellectuels, sont nécessaires pour que soit trouvée et atteinte une certaine maîtrise de soi, pour que se découvrent et se déploient des possibilités d'action, autant les exercices spirituels le sont pour que l'homme, selon le mot d'Ignace, cherche et trouve la volonté de Dieu sur lui et puisse s'y soumettre sans trop de résistance (*Exercices spirituels*, n° 4). Cela n'ira pas sans lutte, car il s'agit, est-il précisé, « de se vaincre soi-même pour ordonner sa vie sans se décider en raison de quelque affection qui serait désordonnée » (*ibid.*, n° 21).

Savoir se détacher

« Affection désordonnée » : derrière l'expression ignatienne se cache une réalité de tous les jours. La société de consommation dans laquelle nous vivons ne peut que favoriser le développement en chacun de nous de ces « affections désordonnées » : soif d'avoir toujours davantage, ou, si on ne peut avoir autant qu'on le voudrait, sentiments d'envie, de jalousie, vis-à-vis de ceux qui possèdent ce qu'on ne possède pas soi-même, désir aussi d'avoir

« plus que l'autre », avarice chez les uns, dépenses inconsidérées chez les autres... A quoi il faut bien souvent ajouter, dans une société où les médias jouent un si grand rôle, le désir de paraître, de se faire valoir, modèle de voiture ou de moto, façon de s'habiller, ou, plus brutalement, force physique... pas seulement, hélas, dans les compétitions sportives. Chez certains, soif de pouvoir, volonté de dominer les autres, de s'imposer à eux, de faire toujours prévaloir son avis ou ses opinions, etc.

La seule valeur reconnue, qu'on l'admette ou non, n'est-elle pas souvent (ou même habituellement) celle du possédant ? Ne dit-on pas d'un homme riche qu'il *vaut* tant de millions ? Tout est affaire de possession... ou d'apparence.

Dans ces perspectives, les relations humaines risquent d'être totalement perverties : l'autre n'est plus aimé pour lui-même, mais seulement pour ce qu'il peut apporter de richesse, de considération, de prestige, ou même d'affection !

Sans aller si loin, ne faut-il pas reconnaître que, même dans la vie la plus spirituelle, peuvent se glisser et se glissent en fait de telles tentations ? Une certaine avidité, une certaine gourmandise, une certaine avarice, ne peuvent-elles être décelées dans des comportements qui semblent, au premier abord, fort légitimes ? Besoin de savoir, d'accumuler des connaissances (ou des « mérites »), besoin d'obtenir des « grâces », des « signes » de la présence et de l'amour de Dieu, besoin de faire paraître, sous prétexte de « donner le bon exemple », telle ou telle vertu... et d'être ainsi reconnu comme « édifiant », « bon religieux », « bon chrétien », « bon prêtre », etc. : tous ces *besoins*, et bien d'autres, ne sont précisément que des besoins et risquent d'enfermer le sujet dans une attitude uniquement égocentrique ou, tout simplement, égoïste. Il y a bien des manières de se rechercher soi-même en ce domaine.

Les mots, ici encore, peuvent guider notre réflexion : ne dit-on pas qu'on a *faim* de tendresse, qu'on est *assoiffé* de pouvoir, *avide* d'apprendre (et que, pour cela, on est prêt à *dévorer* des ouvrages) ? Tous ces termes ne renvoient-ils pas à cette faim et à cette soif élémentaires qui marquent les premiers temps de la vie et obligent le bébé à *consommer* pour survivre ? Réactions primitives, archaïques, d'un petit enfant pour qui l'autre n'existe encore que comme « objet de consommation », comme satisfaisant ses besoins les plus immédiats, comme « complément » indispensable de son existence. La mère n'est-elle pas d'abord perçue comme nourrice, source de lait, de sécurité, de tendresse ? Elle ne deviendra que peu à peu, dans les meilleurs cas, une autre personne. Et, dans l'ordre de l'expérience spirituelle, Dieu lui-même, dans ces perspectives, sera-t-il autre chose qu'un « distributeur de bienfaits » ? La prière, dans ces conditions, ne se réduira-t-elle pas au cri d'un bébé affamé ? Graves questions, mais questions inéluctables dans toute vie spirituelle qui se veut authentique.

Des ruptures nécessaires

Quel que soit le besoin que l'enfant a de sa mère (ou le croyant de son Dieu), il ne peut vivre, en réalité, qu'en *se détachant* d'elle. La coupure du cordon ombilical est et reste hautement significative ; elle n'est que la première des ruptures indispensables. L'enfant, pour pouvoir grandir, ne doit-il pas être sevré, c'est-à-dire séparé ? Être sevré, c'est être privé d'un contact immédiat, d'une satisfaction instantanée. Il lui faut renoncer à « posséder » sa mère, à la garder (on dirait, dans certaines régions : à se la garder) pour soi tout seul. N'est-ce pas là la condition première pour que le désir de l'enfant prenne progressivement en compte l'existence indépendante de la mère, de son désir à elle, d'un désir dont lui, l'enfant, n'est plus le centre exclusif ?

Ruptures nécessaires pour une nécessaire conversion du besoin au désir [3]. Pas d'existence humaine sans un tel sevrage, pas de désir humain qui ne doive, par un renoncement à ses visées purement égoïstes, « consommatoires », s'ouvrir au désir de l'autre.

C'est une telle conversion, un tel retournement, qui fait, éventuellement, passer la prière du « Donne-nous notre pain, délivre-nous du mal » au « Que Ta volonté soit faite ». Passage toujours à faire, jamais terminé : nous restons des êtres de besoin, même si notre désir tente sans cesse de se convertir dans la vie spirituelle comme dans la vie tout court, le sevrage est toujours nécessaire : il est une condition de vie.

« Partir, c'est mourir un peu. » Il en est du départ dans la vie comme de n'importe quel départ : il faut « larguer les amarres » et donc quitter un lieu pour un autre, abandonner un lieu connu, familier, pour un ailleurs inconnu. Partir, c'est mourir un peu, mais refuser de partir, c'est aussi refuser de vivre, se figer dans une mortelle immobilité. Dès la naissance, notre premier départ, une certaine « mort » est présente, dans la mesure où, d'entrée de jeu, la vie nous pousse à avancer, à lâcher le passé, à affronter un avenir. L'enfant qui se maintiendrait, psychologiquement, « dans les jupes » de sa mère ou « dans le sein maternel », qui n'aurait jamais « coupé le cordon ombilical », demeurerait, consciemment ou non, à l'état de bébé, ne sera jamais un *vivant*.

---

3. Cf. Denis Vasse, *Le temps du désir, op. cit.*, p. 17-48.

On ne vit, en effet, qu'en progressant, en prenant des risques, en se lançant, peu ou prou, dans l'aventure, donc en acceptant d'affronter la mort. Une certaine forme de renoncement, le renoncement à l'existence douillette dans le sein maternel, est donc inscrite dans les profondeurs mêmes du psychisme humain !

Allons plus loin : l'amour le plus humain, s'il est authentique, ne va jamais sans sacrifice. Deux êtres qui s'aiment ne sauraient se considérer mutuellement comme des objets. On parle, il est vrai, d'un « objet d'amour » : la formule est malheureuse, si elle en arrive à signifier, ce qui est parfois le cas, que chacun « possède » l'autre ou est « possédé » par lui comme le serait un objet. Si l'amour implique, comme il se doit, un don réciproque entre deux sujets libres, il ne peut exister sans respect mutuel, donc sans renoncement à une jouissance égoïste et sans frein. Qui ne voit que, dans le cas contraire, sans même évoquer ici des conduites bestiales, dont la presse ne nous entretient que trop souvent, on se trouve devant des caricatures de l'amour, amour dont le caractère possessif, captatif, est une véritable perversion [4] ?

Il en va d'ailleurs de même pour une forme d'amour qui se voudrait « idéale » : on n'aimerait alors qu'une image idéale de l'autre, autant dire une abstraction ; l'amour « en pensée », qui évite le « corps-à-corps » ou la rencontre de l'autre en vérité, n'est plus un amour réel, il n'est plus qu'une pensée sur l'amour. Que de vies spirituelles se contentent ainsi de pensées : si sublimes et si hautes soient-elles, elles n'en restent pas moins « dans les nuages » : on ne contemple que ses propres pensées ; l'amour n'a plus de vis-à-vis [5]. En vérité, il n'y a plus d'amour du tout !

---

4. Denis Vasse, *op. cit.*, p. 66.
5. Cf. André Godin, *Psychologie des expériences religieuses, op. cit.*, p. 183-187.

Inutile de dire qu'un renoncement qui aboutirait ainsi à éviter systématiquement la rencontre de l'autre, ne serait qu'une attitude égoïste et stérile, n'ayant plus rien à voir avec la vie spirituelle.

Renoncer à vivre ? ou pour vivre ?

« La gloire de Dieu, disait saint Irénée, c'est l'homme vivant. » « Homme, tiens-toi debout... Je t'envoie », répondait le Seigneur au prophète qui s'effrayait de sa mission (Ez 2,1-3). Vivre, se tenir debout, aller où Dieu envoie, ne pas hésiter à s'engager, et, pour cela, renoncer aux sécurités paresseuses, se dégager de tout ce qui fait obstacle, accepter les risques de l'aventure, faire confiance, non plus aux richesses accumulées, fussent-elles « spirituelles », mais à un avenir ouvert par la Parole de Dieu.

Oui, il faut vivre et non renoncer à vivre, et les renoncements, les ruptures, les efforts faits pour se dépasser, ne sont là que pour libérer des puissances de vie. Le vieux mot de *vertu* a longtemps évoqué le *courage*, un courage qui ne craint pas d'affronter les difficultés, d'accepter souffrances et privations, de servir une noble cause. C'est ce courage que veulent montrer les disciples du Christ, celui qu'évoque saint Ignace dans la « Méditation du Règne » (*Exercices*, n° 97) : « Qui voudra venir avec moi, dit le Seigneur, doit peiner avec moi... Ceux qui voudront mettre tout leur cœur et se distinguer davantage en tout service, non seulement offriront leur personne à la peine, mais, *luttant contre* ce qu'il y a en eux de (trop) sensible et contre un amour égoïste et mondain », s'engageront avec vigueur dans ce combat contre tout ce qui, en eux, les empêche de suivre le Christ en toute liberté.

Nous sommes loin, alors, d'un renoncement par peur

de vivre. Nous sommes loin de ces chastetés qui ne seraient que peur de la réalité sexuelle, de ces humilités qui ne seraient que peur de s'affirmer, de ces refus de s'engager qui ne seraient que peur du risque, de ces obéissances qui ne seraient que démission. Ce ne sont là que des caricatures, car la chasteté volontaire est ouverte à d'autres possibilités d'aimer, l'humilité est respect de l'autre, l'obéissance est totale disponibilité.

« Excuse-moi, Seigneur, je ne suis pas doué, envoie qui tu voudras », disait Moïse, cherchant à se dérober (Ex 4,10-11). « Me voici, envoie-moi », répond, au contraire Isaïe (6,8) ! Et, acceptant tout dans une attitude de parfaite disponibilité, c'est la Vierge Marie qui s'écrie : « Qu'il m'advienne selon Ta Parole » (Lc 1,38). Marie *renonce* à tout projet personnel pour s'en remettre au projet divin.

Renoncer à la Vie ? Ne faut-il pas plutôt se laisser saisir par l'appel de la vie, par les puissances de vie à l'œuvre en nous et dans le monde, appel et puissances qui nous arrachent inlassablement à nous-mêmes pour nous lancer en avant ? Renoncement, oui, mais renoncement aux molles douceurs du cocon, renoncement à vivre dans le passé, dans les habitudes invétérées, dans une paresseuse médiocrité.

Dans un admirable texte, le P. Teilhard de Chardin écrivait, au terme de sa méditation, ces lignes de feu :

C'est une chose terrible d'être né, c'est-à-dire de se trouver irrévocablement emporté, sans l'avoir voulu, dans un torrent d'énergie formidable qui paraît vouloir détruire tout ce qu'il entraîne en lui.

Je veux, mon Dieu, que, par un renversement de forces dont vous pouvez seul être l'auteur, l'effroi qui me saisit devant les altérations sans nom qui s'apprêtent à renouveler mon être, se mue en une joie débordante d'être transformé en Vous...

Le Monde ne peut vous rejoindre finalement, Seigneur, que par une sorte d'inversion, de retournement, d'excentration, où sombre pour un temps, non seulement la réussite des individus, mais l'apparence même de tout avantage humain.

Pour que mon être soit décidément annexé au Vôtre, il faut que meure en moi, non seulement la monade (l'être singulier que je suis), mais le Monde, c'est-à-dire que je passe par la phase déchirante d'une diminution que rien de tangible ne viendra compenser. Voilà pourquoi, recueillant dans le calice l'amertume de toutes les séparations, de toutes les limitations, de toutes les déchéances stériles, Vous me le tendez. « Buvez-en tous. »

Comment le refuserais-je, ce calice, Seigneur ? La Consécration du Monde serait demeurée inachevée, si vous n'aviez animé avec prédilection, pour ceux-là qui croiraient, les forces qui tuent, après celles qui vivifient...

Je m'abandonne éperdument, ô mon Dieu, aux actions redoutables de dissolution par lesquelles se substituera aujourd'hui, je veux le croire aveuglément, à mon étroite personnalité, Votre divine Présence... Celui qui aura aimé passionnément Jésus caché dans les forces qui font mourir la Terre, la Terre en défaillant le serrera dans ses bras géants et, avec elle, il se réveillera dans le sein de Dieu [6].

« Je m'abandonne... » : qui pourrait croire, s'il connaît tant soit peu la vie et la pensée du P. Teilhard, que cette expression signifierait un « abandon de poste » ou une « attitude abandonnée » ? Présence dans les tranchées pendant la Première Guerre mondiale, travaux sur le terrain en Asie centrale et ailleurs, participation à des congrès, écrits multiples dans les domaines divers, longue patience dans l'épreuve... Si abandon il y eut, ce fut l'abandon entre les mains de Dieu, mais d'un Dieu qui ne cessait de soutenir son inlassable effort.

Dans un tout autre contexte, deux siècles auparavant, un autre jésuite avait parlé, lui aussi, d'abandon à la Pro-

---

6. Pierre Teilhard de Chardin, *La Messe sur le monde*, Seuil, 1965, p. 40-46.

vidence divine[7], mais c'était pour donner sa pleine
valeur à ce qu'il appelait le « sacrement du moment présent », ce moment où toutes les forces de l'être humain
doivent se concentrer pour accomplir, le plus parfaitement
possible, la volonté de Dieu, sans que rien vienne distraire
cette attention au « devoir d'état ». Cela suppose, bien
entendu, un radical détachement de tout ce qui n'est pas
selon la volonté de Dieu à laquelle on adhère (ou tente
d'adhérer) de tout son être et de tout son cœur ; mais ce
détachement n'est que la face négative d'un attachement
passionné à tout ce que Dieu donne à faire dans le
moment présent.

Bien des nuances seraient ici à apporter et on ne saurait comparer le directeur spirituel du XVIIIe siècle avec le
chercheur scientifique du XXe siècle ! L'un et l'autre,
pourtant, prônent d'une même voix, un radical renoncement à tout ce qui peut faire obstacle à la mission que
Dieu leur confie : les missions et les situations sont diverses, l'exigence fondamentale reste la même.

Savoir renoncer à tout (au moins en principe) pour être
capable de tout accueillir : les saints, connus ou inconnus,
ont vécu de cet apparent paradoxe. Il suffit d'évoquer,
entre mille autres, François d'Assise et son *Cantique des
créatures*, Jean de la Croix et sa joyeuse exclamation :

> A moi sont les cieux et à moi est la terre... Toutes les choses sont
> à moi et Dieu même est à moi et pour moi parce que le Christ est
> à moi et tout pour moi... Que demandes-tu et que cherches-tu
> donc, mon âme ? Tout ceci est à toi et tout ceci est pour toi. Ne
> te rabaisses pas à des choses moindres. Sors au-dehors et glorifie-
> toi de ce qui fait ta gloire. Cache-toi en elle et tu obtiendras ce que
> ton cœur demande[8].

---

7. Jean-Pierre de Caussade, *L'abandon à la Providence divine*, coll.
« Christus » n° 22, Desclée de Brouwer, 1966.
8. Jean de la Croix, *Maximes*, Desclée de Brouwer, 1959, p. 1 301.

Pour en arriver là, on sait tout ce que coûtait de renoncement la rude montée du Carmel. Au terme, c'est pourtant une joie profonde, la joie de se savoir dans l'amour de Dieu. C'est cette joie dont nous retrouvons l'écho de nos jours chez une Madeleine Delbrel[9] qui écrivait :

> Ne pensez pas que notre joie soit de passer nos jours à vider nos mains, nos têtes, nos cœurs. Notre joie est de passer nos jours à creuser la place dans nos mains, nos têtes, nos cœurs, pour le Royaume de Dieu qui passe. Pourquoi donc êtes-vous tristes, vous tous que Dieu dépossède ?... Ne dites pas : « J'ai tout perdu. » Dites plutôt : « J'ai tout gagné. » Ne dites pas : « On me prend tout. » Dites plutôt : « Je reçois tout. » [...] Désintéressez-vous de votre vie, car c'est une richesse que de tant vous en soucier ; alors la vieillesse vous parlera de naissance et la mort de résurrection... puisque le Royaume des cieux est à vous[10].

« Tout est à vous, disait déjà saint Paul, mais vous êtes au Christ et le Christ est à Dieu » (1 Co 3,22-23). Le véritable renoncement, loin de l'écraser, libère le chrétien et lui permet, au-delà des souffrances, de vivre dans « la glorieuse liberté des enfants de Dieu » (R 8,21).

---

9. Madeleine Delbrel, *La joie de croire*, Seuil, 1969.

10. Madeleine Delbrel, « Joies venues de la montagne », dans *Ma joie terrestre, où donc es-tu ? Études carmélitaines*, 1947, p. 185-187.

8. Équilibre humain
et maturité spirituelle

« Ordonner sa vie sans se décider en raison de quelque affection qui serait désordonnée », mettre en ordre ce qui serait chaotique : telle est, rappelle saint Ignace, la fin des *Exercices spirituels* qu'il propose à son retraitant. Mais découvrir ou retrouver l'ordre selon lequel doit s'orienter et s'organiser la vie ne va nullement de soi. Et ce qui, au XVIᵉ siècle, pouvait sembler tout naturel, la foi chrétienne demeurant, malgré les bouleversements socioculturels de l'époque, l'horizon commun d'un grand nombre de gens, est bien loin de l'être aujourd'hui. Combien, parmi nos contemporains, en sont encore à chercher, parfois désespérément, un sens à leur existence individuelle et collective.

Le psychiatre, a-t-on pu écrire, a de plus en plus affaire à des patients qui se plaignent d'un sentiment de vide et de non-sens... L'homme est au plus profond de lui-même en quête d'un sens. Il est toujours déjà orienté et tendu vers quelque chose qui n'est pas lui-même... Ce que l'homme cherche, ce n'est pas le bonheur, mais une raison d'être heureux [1].

---

1. Viktor Frankl, *La psychothérapie et son image de l'homme*, Resma, Paris, 1970, p. 14-16 et 145.

Quête d'un sens, orientation vers quelque chose... ou Quelqu'un, qui puisse fournir une raison d'être heureux : à de telles attentes la foi chrétienne propose, à son niveau, une réponse. Créature de Dieu, c'est dans la foi en Dieu que l'homme pourra découvrir le sens et la fin de son existence. Accepter d'entrer dans ce mystère de foi, c'est, selon le mot de saint Jean, « venir à la lumière » (Jn 3,21). Encore faut-il, pour cela, « faire la vérité » *(ibid.)*, la vérité sur soi-même d'abord, ce qui n'est pas le plus facile !

Mais quelle est donc, pour un chrétien, cette vérité de l'homme ? Qu'est-ce qui donne, en fin de compte, sens à sa vie ? La réponse de saint Ignace est, sur ce point, catégorique :

> L'homme est créé pour louer, révérer et servir Dieu... et par là sauver son âme... Pour cela il est nécessaire que nous désirions et choisissions uniquement ce qui conduit davantage à la fin pour laquelle nous sommes créés *(Exercices*, n° 23).

Qu'on y prenne garde, il ne s'agit pas ici de considérations abstraites ou purement intellectuelles. Des attitudes pratiques en découlent immédiatement :

> L'homme doit (donc) user des créatures dans la mesure où elles l'aident (à atteindre sa fin), s'en dégager dans la mesure où elles sont un obstacle *(ibid)*,

ce qui suppose la fameuse « indifférence » ignatienne, autrement dit une réelle liberté intérieure à l'égard de « toutes les choses créées ».

Rude programme ! Il demandera pour être au moins partiellement réalisé le long cheminement des *Exercices*, voire celui de toute une vie. On n'a jamais fini de se détacher, de se libérer, de s'engager. Il y faut un courage, une lucidité, une ténacité, dont tous, sans doute, ne sont pas toujours capables. Il faut accepter de marcher sur un chemin montant, rocailleux, semé d'embûches. Il faut garder constamment les yeux grands ouverts pour éviter les pièges et les chausse-trappes, sans se tromper de direction. N'importe qui, Ignace déjà le notait, n'y est pas apte. Seuls, dit-il, pourront s'engager dans cette voie celles et ceux qui sont mus par un grand désir de ne chercher que la volonté de Dieu, dans une totale disponibilité aux appels entendus.

Choisir, dit-on, c'est sacrifier. Se décider, c'est trancher, c'est renoncer à diverses possibilités, d'ailleurs excellentes, pour ne retenir que ce qui paraîtra le meilleur dans la ligne choisie. Et quand il s'agit de l'appel de Dieu, de la volonté de Dieu, l'engagement ne saurait être que total et sans réserve aucune.

Tout cela, dans une perspective de foi, est sans doute l'œuvre de Dieu, l'œuvre de l'Esprit Saint : d'où l'importance donnée à la prière. Mais c'est aussi le fruit d'un effort humain, et c'est cet effort qui n'est peut-être pas à la portée de tous.

Les premiers *Directoires* (ou commentaires) des *Exercices* le signalaient déjà : impossible de rien faire, de rien tenter, sans un certain équilibre intérieur, une certaine capacité à se décider librement. Pas question d'esquiver les difficultés ni de se laisser influencer par des réactions affectives incontrôlées. Un minimum de maturité psychique est donc requis, sans lequel les efforts risquent d'être vains.

Certains sujets sont incapables d'une telle détermination, faute d'une maturité suffisante... L'indifférence ignatienne est impossible à établir en de tels sujets, tant que les conflits qu'ils cherchent à résoudre restent inconscients. (Celui qui s'engage dans les *Exercices*) doit pouvoir décider de sa personne, non en fonction de ce qu'il craint ou fuit, mais librement... Celui qu'on reconnaîtrait comme entêté en quelque dessein, ajoute le P. Victoria, on ne devrait pas l'admettre à faire les *Exercices*, avant qu'il ne soit devenu plus mûr [2].

Impossible ? Le mot est sévère : il soulève une grave question. Sans doute les affirmations précédentes ne s'appliquent-elles qu'à une voie particulière, la voie ignatienne, et non à la vie chrétienne en général. D'autres voies sont possibles, heureusement : « Il y a beaucoup de demeures dans la maison de mon Père », a dit Jésus (Jn 14,2). Mais la question demeure : au-delà même du cas particulier des *Exercices* ignatiens, un certain degré d'équilibre psychique est-il requis pour qu'on puisse parler d'une authentique vie spirituelle ? Il faut, pour suivre le Christ sur le chemin de la sainteté, être humainement équilibré.

La sanctification dépend-elle du psychisme ?

La formule est brutale : nous l'empruntons à un article déjà ancien qui a, du moins, le mérite de la clarté :

Il y a, rappelle l'auteur, des psychismes disgraciés, pauvres en dispositions naturelles pour une vie conforme à la loi morale : ils font les êtres qui ne seront jamais pleinement vertueux et se traîneront de faiblesse en faiblesse jusqu'à la fin de leur vie ; il y a (aussi) les psychismes « secs » et irréductiblement rationalisants de ceux qui n'ont aucun goût pour les sacrements et pour la simple soumission au mystère ; il y a les psychismes infantiles, hantés par un besoin de sécurité, obsédés par une fausse culpabilité, de tant d'« anormaux » grands ou petits, qui ne connaîtront jamais la lucidité des jugements de valeur et la constance des vouloirs... Tous ceux-là, et ils sont nombreux, sont-ils défavorisés par rapport à la sanctification [3] ?

---

2. Cf. Louis Beirnaert, « Discernement et psychisme », *Christus*, n° 4, octobre 1954, p. 50 et suiv., se référant au *Directoire des Exercices* du P. Victoria.

3. Louis Beirnaert, « La sanctification dépend-elle du psychisme ? » dans *Expérience chrétienne et psychologie*, Épi, 1964, p. 133-142.

Une réponse affirmative nous mettrait en contradiction avec l'Évangile. Le Royaume de Dieu n'est-il pas promis aux malades, aux aveugles, aux paralytiques, aux pécheurs ? Faudrait-il donc réserver la grâce divine aux êtres saints, parfaitement équilibrés, pleinement épanouis ? L'histoire de l'Église et bon nombre de vies de saints semblent plutôt indiquer le contraire. Que de saints au psychisme fragile... dont la sainteté n'en est pas moins éclatante ! Que de pauvres gens qui nous révèlent, chacun à sa façon, les merveilles de Dieu.

Mais faut-il en rester là ? Peut-on prétendre, comme on l'a parfois fait, que la maladie ou la névrose sont des conditions de sainteté comme elles le seraient de l'inspiration artistique ? Ce serait, à n'en pas douter, pousser le paradoxe un peu loin.

En réalité, si nous considérons la sanctification comme l'acte par lequel Dieu Lui-même communique à l'homme son pardon, sa grâce, son amour, sa propre vie, on ne saurait nier qu'il s'agisse là d'un *don totalement gratuit*, ne dépendant, de soi, aucunement des dispositions psychiques de celui qui en est le bénéficiaire. Dieu reste toujours libre de ses dons ! Il faut pourtant remarquer que le don divin, si gratuit qu'il puisse être, doit tout de même être accueilli ; un minimum de consentement est nécessaire, dans lequel joue toujours un élément de liberté. Cet accueil, ce consentement, impliquent toujours une conversion : il faut s'ouvrir à l'intervention d'un Autre, se tourner vers Lui, accepter de se laisser faire par Lui... Qu'on soit riche ou pauvre, malade ou bien portant, un tel retournement ne va jamais de soi. Si le riche et le bien portant doivent accepter de se laisser sauver, donc reconnaître en fait leur misère ou leur péché, le pauvre, le malade, le névrosé n'en doivent pas moins renoncer à se replier sur leur misère, à s'y complaire, s'en plaindre ou même s'en vanter, et accepter que leur misère même puisse être, par la grâce de Dieu, le lieu de leur salut. L'un n'est pas plus facile que l'autre. C'est toujours une « mort à soi-même » qui est demandée ; et qui dira pour qui il est plus facile de mourir à soi-même, du riche avec sa richesse, du bien-portant avec sa santé ou du malade avec sa maladie, du pauvre avec sa misère ? Si « rien n'est impossible à Dieu », sa grâce saisit l'homme là où il est, mais c'est pour le transformer.

> L'événement spirituel a lieu au sein des événements de la vie psychique. C'est en vivant tel amour, tel élan de sympathie, tel ressentiment, telle angoisse ou tel échec... que je me livre ou me refuse à la grâce... C'est pourquoi on ne peut jamais conclure de la présence d'une motivation névrotique à l'absence certaine d'une motivation spirituelle. Une même conversion, par exemple, peut être motivée par un besoin de sécurité quelque peu infantile et *aussi* par un *authentique* consentement à la grâce [4].

Ces sages remarques mettent en garde contre des conclusions hâtives. Les psychanalystes parleraient ici de la *surdétermination* des motifs conscients et inconscients. Le psychisme humain est complexe ; les diverses motivations s'entremêlent : ce n'est pas parce que l'inconscient, toujours présent, ne cesse d'interférer dans le « discours conscient », que celui-ci perd, de ce fait, toute valeur. Sauf cas extrêmes, le sujet humain, si limité soit-il, reste toujours capable de poser certains actes par lesquels se manifeste un minimum de liberté. Et cette liberté minimale suffit pour que s'opère « un authentique consentement à la grâce de Dieu ».

Normalement, il est vrai, la présence de l'Esprit de Dieu dans une vie humaine devrait s'accompagner d'effets plus ou moins constatables : la vie devrait s'en trouver, au

---

4. Louis Beirnaert, « La sanctification dépend-elle du psychisme ? », *op. cit.*, p. 138.

moins partiellement, transformée, l'existence chrétienne devrait se signaler par une charité plus active, une moralité plus délicate, de nouvelles façons de réagir, de juger, de sentir ou d'aimer. L'exercice des *vertus* devrait être l'expression normale de l'action de Dieu dans un être humain.

Mais « la grâce ne supprime pas la nature », même si elle tend, dans son ordre, à la parfaire. Et l'exercice des vertus dépendra, pour une part, des dispositions naturelles... plus ou moins favorables. Tout n'est pas possible à tous : des êtres psychologiquement perturbés, ou bloqués n'arriveront que difficilement à mener, sur certains points, une vie vertueuse, quelle que soit par ailleurs leur bonne volonté. On ne saurait certainement pas en conclure qu'ils ne sont pas « en grâce avec Dieu », que l'amour du Dieu Sauveur ne les habite pas. « Les prostituées vous précéderont dans le Royaume », disait Jésus (Mt 21,31).

> Il est bien rare, remarque L. Beirnaert, que, même chez le plus disgrâcié, l'inscription psychique de l'action de Dieu soit totalement ratée... Dans une vie cahotée et misérable, la respiration secrète des vertus théologales se manifestera... Quant aux névrosés, sans jugement et parfois obsédés, nous en connaissons (poursuit l'auteur qui est psychanalyste) dont la simple fidélité à tenir dans la nuit la main divine qu'ils ne sentent pas est d'un éclat aussi insoutenable... que la magnanimité d'un Vincent de Paul ! Même chez les plus dénués, le psychisme *tend* à devenir une expression de la liberté, alors même que cette expression échappe à la conscience claire (*ibid.*, p. 240).

Rien n'est jamais irrémissiblement perdu. Le plus pauvre, psychologiquement parlant, est encore, au plus intime de lui-même, un être libre qui peut réagir en enfant de Dieu.

N'y a-t-il pourtant rien à faire ? Le chrétien pourrait-il se satisfaire de situations qui, par quelque côté, demeurent des anomalies ? Peut-il prendre, sans plus, son parti

de ces discordances? Sans nier qu'il puisse exister des obstacles apparemment insurmontables, des situations qui
semblent sans issue, ne faut-il pas mettre tout en œuvre
pour « assainir le sol » autant qu'il sera humainement
possible de le faire, pour venir en aide à ceux qui souffrent et « leur rendre possible, je ne dis pas de vivre, mais
d'*éprouver* l'espérance » (L. Beirnaert)? On soigne bien
les corps : pourquoi ne pas essayer de soulager, voire de
libérer, ceux qui souffrent dans leur psychisme?

Des vertus et des vices

Vivre d'espérance, éprouver l'espérance, ce peut être
déjà beaucoup demander à « ceux qui vont dans la nuit » !
Mais, même si c'est l'essentiel, on ne saurait normalement
s'en tenir là. Les vertus théologales de foi, d'espérance,
de charité, doivent encore déployer leurs effets dans la vie
quotidienne au niveau des vertus *morales*. Or ces derniè-
res sont toujours conquises, sinon de haute lutte, du moins
au terme d'un effort patient et persévérant. Elles supposent, comme il a été dit plus haut, que l'homme ait pu
acquérir un certain *contrôle* sur ses propres actes, *se libérer*
suffisamment pour pouvoir répondre aux appels qui lui
sont adressés, pour s'engager de façon lucide et courageuse, pour se rendre disponible et ouvert à l'Autre, aux
autres, à Dieu. Une telle « mise en disponibilité » signifie que tout l'être, corps et âme, se trouve relativement
unifié, pacifié, équilibré.

La disposition vertueuse, écrivait déjà Aristote, en quoi consiste
en fin de compte la vertu, concerne non seulement la partie spirituelle qui guide et fixe la conduite à tenir, mais aussi la partie affective qu'elle doit s'être conciliée... Enfin il faut encore s'exercer...

pour que les commandes du corps deviennent elles aussi dociles aux exigences de l'esprit [5].

La vertu, disait-on au Moyen Age, est un *habitus*, une manière d'être, impliquant une certaine intégration, une harmonisation, au moins relative, des diverses couches de la personnalité, rendant ainsi possible une conduite plus libre, plus souple, plus équilibrée, plus mûre.

On voit bien ce qui arrive dans le cas contraire.

Les conduites inadaptées sont pour le psychologue le fruit ou le signe d'un manque d'intégration de la personnalité, qui reste divisée, prisonnière des pulsions et des désirs instinctifs que le Moi supérieur n'a pas su intégrer... Il est juste d'ajouter que certaines attitudes inadaptées ne sont pas toujours des attitudes vicieuses au sens moral... On devrait plutôt parler d'attitudes défectueuses [6].

Mais ces attitudes défectueuses, comme le nom l'indique, manifestent un *défaut* dans la personnalité, défaut d'intégration, de contrôle et de maîtrise de soi, de souplesse dans les décisions à prendre, etc. Si elles ne sont pas, au sens strict, des vices, elles rendent à tout le moins difficile l'exercice de la vertu.

On pourrait dresser une longue liste de telles attitudes qui risquent, sinon de vicier, du moins de gêner les conduites morales. Attitudes ambivalentes, oscillantes, faites de doutes ou de perpétuelles hésitations, attitudes défensives, à base de tristesse, de timidité, de dépression, attitudes agressives, plus ou moins teintées de paranoïa, où l'on en veut au monde entier parce qu'on se croit toujours persécuté, attitudes avides, possessives, jouisseuses, attitudes dominatrices, despotiques, méprisantes, fuite dans le rêve, l'imaginaire, le délire, ... toutes ces atti-

---

5. Aristote, *Éthique à Nicomaque*, 1107 a 7, 1172 a 22.
6. Georges Cruchon, *Initiation à la psychologie dynamique*, t. II, *Conflits, angoisses, attitudes*, Mame, 1969, p. 92-93.

tudes, dans lesquelles abondent les traits névrotiques, voire psychotiques (dans les cas les plus graves), renvoient à un défaut d'intégration de la personnalité, que l'on parle à ce sujet de *refoulement*, de *clivage* du moi, de *déni* de la réalité, etc. Quelque chose a échappé, a manqué, dans la structuration de la personnalité, dont le comportement se trouve, de ce fait, plus ou moins gêné ou paralysé. Le sujet humain n'est plus capable, dans ces conditions, de se contrôler, de se maîtriser, de se conduire de façon raisonnable, ferme, équilibrée. La conduite morale risque de s'en trouver gravement perburbée.

Y a-t-il des remèdes ?

En présence de telles défectuosités, que peut-on envisager ? Comment remédier à la situation ? On pensera tout d'abord aux « moyens spirituels » : prière, sacrements, ascèse, efforts en tous genres. Et il n'est nullement question d'en nier la valeur. Faut-il pour autant faire fi des moyens humains ? Ce serait, à coup sûr, déraisonnable. S'agissant ici d'un équilibre psychique perturbé ou déficient, c'est tout naturellement à des moyens d'ordre psychologique qu'on aura recours.

Ces moyens sont de divers ordres : divers types d'aide psychologique, de psychothérapies, peuvent être, selon les cas, envisagés. Une cure psychanalytique permettra, éventuellement, de repérer les sources lointaines, infantiles, de tels déséquilibres et de « gérer » au mieux les forces psychiques en présence. Ces techniques sont lourdes et onéreuses ; elles peuvent se révéler indispensables, mais ne sauraient être conseillées à la légère ; l'enjeu en est trop important et mérite une très sérieuse considération. Ce qui ne veut nullement dire que ces divers types d'aide psychologique doivent être systématiquement exclus : il faut savoir y recourir à bon escient.

Le mieux serait, évidemment, d'éviter que se produisent de telles malformations psychiques : mieux vaut prévenir que guérir. Ce n'est pas toujours possible : il est des circonstances traumatisantes et des enfances malheureuses. On ne refait pas le passé. Du moins peut-on, dans les cas les moins graves, et ils sont fort heureusement nombreux, éviter le pire par une *hygiène de vie* à la fois physique, psychologique et spirituelle, par des *conseils* éclairés et prudents, par une « ouverture de conscience » qui ne s'en tienne pas à quelques propos superficiels, mais engage un vrai *dialogue* sur les divers aspects de la personnalité, les différentes réactions en face des menus événements de la vie quotidienne, voire en face d'événements plus graves : deuils, déceptions, succès, etc. Nous aurons à revenir sur les conditions d'un tel dialogue dont l'utilité ne peut faire de doute.

L'important, en cette matière, est de ne pas faire de faux « angélisme », de vivre, avec toujours plus de réalisme, « la vie spirituelle dans la condition charnelle[7] ». Maturité spirituelle et maturité humaine devraient, autant que possible, aller de pair. Il est vrai, comme nous le notions plus haut, que des êtres au psychisme fragile ou relativement pauvre ont pu quelquefois atteindre, par la grâce de Dieu, de hauts sommets de sainteté : encore faut-il remarquer que, dans un certain nombre de cas, cette même grâce divine a pu faire accéder de tels êtres à un niveau parfois élevé de qualités humaines, même si ces qualités, qualités de cœur, d'intelligence, aptitude à comprendre les gens, à éclairer, à pacifier, etc., se trouvaient

---

7. Cf. Antonin Motte o.p., *La vie spirituelle dans la condition charnelle*, « Problème de vie religieuse », Cerf, 1968.

mêlées à d'incontestables défauts. Mais, en règle générale, un grave déséquilibre psychique ne favoriserait pas, bien au contraire, une authentique maturité spirituelle, ne serait-ce qu'en rendant, sinon impossible, du moins très difficile, un véritable *discernement*. Comment discerner, en effet, quand la lucidité fait défaut ? Et comment être lucide, quand on est mû, à son insu, par des mobiles ou des conflits *inconscients* ? Au moins faudrait-il prendre conscience d'un tel état de fait : ce serait un premier pas vers la lucidité et, par là, vers un peu plus d'authenticité. « Celui qui fait la vérité vient à la lumière. » Un tel appel est toujours actuel. Pas de maturité, ni humaine, ni spirituelle, sans cet effort pour « être vrai ».

Quelle maturité ?

Maturité : que met-on au juste sous ce mot ? On dira, par exemple, d'un jeune homme qu'il est mûr pour son âge, tandis qu'on parlera, pour un autre, d'immaturité. L'âge ne saurait donc, à lui seul, constituer un critère : on connaît des gens avancés en âge qui font preuve, en certaines circonstances, d'une regrettable immaturité !

Mais il faut du *temps* pour mûrir, les agriculteurs le savent bien : des étapes sont nécessaires. Pourtant, plus encore que le temps en lui-même, c'est la judicieuse utilisation du temps, c'est la qualité d'expérience qui importe ici. Et cette qualité d'expérience dépend de nombreux facteurs : tempérament, famille, milieu éducatif, environnement social ou ethnique, dons personnels, etc. Impossible donc d'en fixer à priori la valeur. Mais il y a des signes qui, correctement interprétés, permettent à un observateur attentif de distinguer un comportement d'adulte d'une conduite demeurée infantile.

Serait adulte, donc suffisamment mûr, remarquait naguère un auteur, celui (ou celle) qui, ayant suffisamment reconnu les ressources de sa personnalité, serait du même coup capable de reconnaître, avec lucidité et modestie, à la fois ses possibilités et ses limites, donc capable de se concentrer, de s'atteler à une tâche, de telle façon qu'on puisse compter sur lui (ou sur elle), sur sa cohérence, sa persévérance, sa fidélité. Ce serait aussi celui (ou celle) qui, au-delà des emballements ou des enthousiasmes passagers, serait capable de vivre de convictions raisonnées et raisonnables (ce qui n'exclut nullement la passion), de savoir non seulement être généreux et actif, mais aussi pourquoi et pour qui on l'est. Ce serait enfin celui qui se sait (et se veut) responsable de son existence et de celle d'autrui, solidaire des autres, engagé dans les combats de l'existence, conscient de ses enracinements sociaux, soucieux d'œuvrer, dans la mesure de ses moyens et de quelque façon que ce soit, dans la société où il vit.

Tant qu'on vit dans l'idéalisme, poursuit le même auteur, préférant le rêve, l'imagination et mêle l'idée à l'expérience quotidienne, on n'est pas adulte. L'adulte ne triche pas avec la réalité ; il cherche à s'y situer avec réalisme, acceptant les limites et l'échec sans en être démonté comme sans en prendre son parti. Il est même capable de faire face aux éléments de déséquilibre qu'il a repérés dans sa personnalité, comptant avec eux plutôt que de ruser déloyalement avec. Il est l'homme quotidien, conférant de la grandeur aux petites choses, au-delà du caprice, de l'évasion « idéale », des dérobades de la subjectivité [8].

Vision idéale... et idéaliste ? Peut-être, mais s'il s'agit là d'un idéal, c'est bien dans la mesure où l'on tentera de s'en approcher qu'on pourra prétendre à une maturité accomplie, à une conduite authentiquement adulte.

---

8. André Liégé, *Adultes dans le Christ, Études religieuses*, Bruxelles-Paris, 1958, p. 6-8.

Sens de la responsabilité, lucidité et maîtrise de soi, courage, aussi, pour accepter limites ou échecs sans en être écrasé ou inhibé, tous ces traits supposent une personnalité bien structurée, un ensemble de valeurs humaines qu'une éducation correcte aura permis d'acquérir. Et sans la mise en place, dès la prime enfance, de certaines structures de base, c'est toute la vie de relation qui se trouve gravement perturbée, c'est-à-dire la possibilité de vivre avec les autres, au milieu des autres, dans le respect des autres, tout en se sachant soi-même reconnu par les autres. Dès l'établissement des premières relations à la mère, au père, à l'entourage, aux éducateurs, doit s'élaborer, chez l'enfant, une attitude faite de confiance, de maîtrise de soi, d'accueil de l'autre[9], etc.

Ces valeurs humaines et les structures psychiques dans lesquelles elles s'inscrivent sont comme la « matrice » des valeurs proprement spirituelles qui leur correspondent. « La grâce n'abolit pas la nature, elle la parfait ou l'accomplit. » Celui qui, à aucun moment, n'a eu le sens de l'autre, comment pourra-t-il s'ouvrir à l'amour ou au respect de l'autre, ou même à l'amour de Dieu ? Quel sens aura pour lui le mot amour ? Tout ceux qui ont à s'occuper de délinquants, de « déviants », savent bien la difficulté d'une rééducation là où les bases ont manqué.

Quelques critères...

Quelles seraient donc les bases psychologiques d'une authentique maturité spirituelle ? Quels critères pourrait-on fournir, indiquant qu'existe, dans un sujet, une telle

---

9. Cf. Jeannine Guindon, *Vers l'autonomie psychique*, Fleurus, 1982, p. 45 et suiv.

maturité ? Quand peut-on dire de quelqu'un qu'il est (au moins relativement) équilibré ? Sans prétendre à l'exhaustivité, indiquons quelques traits de la maturité humaine telle que nous la concevons [10].

« Qui veut faire l'ange fait la bête. » Un des premiers signes d'équilibre psychique, c'est le fait d'être relativement à l'aise *avec son corps* et *dans son corps*, « bien dans sa peau », comme on le dit familièrement. Ce corps n'est pas une simple mécanique, à réparer quand il est abîmé ou à entretenir comme un moteur de voiture ; il est notre moyen d'expression, d'échange, de relation. C'est grâce à lui que nous percevons ce qui nous entoure, que nous ressentons des émotions, éprouvons des sentiments, etc. Encore faut-il qu'il soit accepté et « vécu de l'intérieur ». S'il en allait autrement, il ne serait plus qu'un poids ou une gêne. Certes, la maladie, la souffrance, des handicaps, ne peuvent être toujours évités. Encore faut-il remarquer la part importante que joue la psychologie de chacun dans la façon dont sont supportées ou assumées ces infirmités. Tel malade gravement atteint vit sa maladie dans une relative sérénité, tel autre se révolte au moindre malaise... et l'aggrave par le fait même. Les médecins ne soulignent-ils pas actuellement l'importance des facteurs *psychosomatiques* ? Nous parlions plus haut d'une hygiène de vie : accepter son corps, c'est d'abord lui permettre de se développer normalement (alimentation, exercices...) ; c'est aussi accepter les limites d'un corps malade ou handicapé... dont les possibilités peuvent rester grandes.

Lieu d'échange et de communication, le corps humain est marqué par la *sexualité*. « Homme et femme Il le

---

10. Cf. Georges Cruchon, « Traits de caractère de l'adulte accompli et épanoui », *op. cit.*, t. II, p. 403-412.

créa », dit l'auteur de la Genèse (1,27). Le laisser-aller en la matière est non moins dommageable que le scrupule obsessionnel ; il y a une maîtrise de soi qui n'exclut pas la souple acceptation des réalités sexuelles, mais qui permet de les contrôler (regards, gestes, attitudes...), comme il y a, à l'inverse, des attitudes raidies qui, paradoxalement, provoquent le « retour du refoulé » et font vivre dans l'obsession du sexuel. Ce qu'on voulait éviter de toutes ses forces ne cesse de se représenter sous formes de « tentations » irrépressibles. Le corps lui-même se « sexualise », s'érotise, si l'on peut dire : l'être humain y perd toute sa liberté ou s'en trouve horriblement gêné [11].

Mais c'est dans toute *relation à autrui* que l'on pourra surtout juger de la maturité ou de l'immaturité de quelqu'un. Une affectivité équilibrée doit permettre d'être à la fois soi-même et présent aux autres, dans un échange qui, tout en incluant sympathie et amour, respecte l'altérité et sauvegarde la relative autonomie de chacun. Ni dépendance excessive, ni repli sur soi-même, ni fuite de soi en de multiples... et toujours superficiels contacts, ni préoccupation narcissique du « qu'en dira-t-on ? » : la relation authentique est ouverture et disponibilité, absence d'angoisse en face de l'autre, relative sécurité intérieure. Faute de quoi, on aura des réactions infantiles, faites de docilité peureuse, d'agressivité plus ou moins camouflée, de perpétuelles revendications, etc. Besoin excessif d'affection, besoin de se faire valoir, d'être dirigé ou, au contraire, de dominer, de s'imposer, de se plaindre... : autant de signes d'immaturité, autant d'obstacles à la vie spirituelle.

---

11. Cf. Henri Samson, « La morale dans son rapport avec les faits biologiques », *Études carmélitaines, Limites de l'humain*, Desclée de Brouwer, 1953, p. 178 et suiv.

La relation à l'*autorité* ou à toute personne représentant l'autorité sera le lieu par excellence où pourront se manifester la maturité ou l'immaturité : respect, obéissance, libre soumission, qui n'excluent pas l'audace et la fermeté dans les « représentations faire aux supérieurs » (comme il est prévu dans les *Constitutions* de la Compagnie de Jésus) sont des signes de maturité spirituelle ; les attitudes immatures, elles, se traduiront par de la révolte, une révolte qui n'ose pas toujours s'avouer, une soumission servile, un légalisme exacerbé ou la flagornerie [12].

Encore faut-il être libre vis-à-vis... de soi-même. Ce n'est pas forcément le plus facile. On est si aisément prisonnier de ses préjugés, de ses idées toutes faites, de ses schèmes de pensée ! La véritable intelligence n'est-elle pas faite de souplesse et d'ouverture, en même temps que de cohérence, d'adaptation raisonnable aux circonstances, d'intuition autant que de logique ? Il est de ces « logiques intrépides » que rien n'arrête, insensibles aux objections, incapables de saisir la pensée d'autrui.

Être libre, c'est nous l'avons dit, savoir *se décider*, donc trancher, et persévérer dans la tâche entreprise. Cela suppose choix, donc sacrifices, organisation, constance, mais aussi disponibilité à l'imprévu, capacité de se reprendre après un échec [13], etc.

La *relation à Dieu* sera, bien entendu, en étroite relation avec les attitudes que nous évoquons. Une prière infantile considérera Dieu (consciemment ou non) comme le « complément affectif », le consolateur, le distributeur de grâces... ou, au contraire, comme le surveillant, le juge,

---

12. Cf. Michel Rondet, Jean-Claude Guy, Jacques Gellard, Jean-François Catalan, *Autorité et obéissance dans la vie religieuse*, Centre Sèvres, Paris, 1983.

13. Cf. Claude Flipo, dans *Maturité humaine et vie spirituelle*, ouvrage collectif, Médiasèvres, 1989, p. 3-12.

etc. Les alternances, signalées par saint Ignace, de
« consolation » et de « désolation », loin d'être interprétées comme des appels à progresser, des jalons sur un itinéraire spirituel, ne seront plus que des alternances
d'exaltation et de dépression au gré d'une affectivité
déboussolée... Comment reconnaître l'appel de Dieu en
tout cela ?

Sublimation ?

Mais l'existence de déviations toujours possibles, de
traits d'immaturité éventuellement repérables, ne devrait
pas masquer l'essentiel. Si « la grâce, comme nous le rappelions, ne détruit pas la nature, mais la mène à sa perfection », il faut affirmer que le psychisme humain se
trouve tout entier saisi et transformé par la grâce de Dieu.
Au-delà des blocages et des malformations, peuvent
s'ouvrir de nouveaux horizons, se présenter de nouvelles
valeurs.

L'identification au Christ, la « suite du Christ », l'imi-
tation de Jésus-Christ, tend à modifier profondément les
attitudes : ouverture aux autres, dans la ligne même de
l'amour du Christ, attention aux plus pauvres, aux exclus,
pardon offert aux ennemis, fidélité dans l'amour malgré
les heurts et les difficultés...

L'affectivité elle-même est, en quelque sorte, spirituali-
lisée, ainsi que la mémoire et l'imagination ; la sensibilité
se trouve plus ou moins « transfigurée » : les *sens spirituels* se tournent vers les réalités spirituelles et deviennent
capables de les goûter, de leur trouver une saveur qui n'est
plus de l'ordre des réalités corporelles. Là où Freud, dans
une perspective encore trop étroite, parlait de *sublimation*,
il faudrait plutôt parler de spiritualisation, indiquant par

là qu'il s'agit, non pas certes d'une idéalisation imaginaire (bien au contraire), mais d'une réelle, encore que mystérieuse, transformation de tout l'être, transformation progressive et partielle (au moins dans la plupart des cas), mais qui saisit l'homme au plus profond de lui-même, dans toutes les couches de son psychisme, dans la ligne de sa vocation la plus essentielle [14].

Voici le fruit de l'Esprit : amour, joie, paix, patience, bonté, bienveillance, foi, douceur, maîtrise de soi... Si nous vivons par l'Esprit, marchons aussi sous l'impulsion de l'Esprit (Ga 5,22-25), de l'Esprit qui renouvelle tout, même le cœur de l'homme (Ps 103,30).

---

14. Georges Cruchon, *op. cit.*, t. I *(La personne et son entourage)*, p. 119-133.

9. La relation humaine
dans l'accompagnement spirituel

« Que cherchez-vous ? », demande le Christ à ses premiers disciples. « Femme, pourquoi pleures-tu ? Qui
cherches-tu ? », dit-il à Marie-Madeleine. « Si tu savais le
don de Dieu et qui est Celui qui te parles... », affirme-
t-il à la Samaritaine. Chaque fois, un dialogue s'engage...
qui mènera loin ! Des vies en seront transformées, des attitudes devront changer. « Cesse de me toucher, mais va
dire à mes frères... », et la femme éplorée devient « l'apôtre des apôtres ». « Venez et voyez », et les disciples
« demeurèrent avec lui ». « Va chercher ton mari », et
celle dont la vie privée se trouve brusquement mise en
question, s'en va vers ses compatriotes : « Venez voir, leur
dit-elle, Celui qui m'a dit tout ce que j'ai fait ! » Et les
foules découvrent Celui qui vient les sauver.

Rencontres humaines, dialogues humains, paroles
échangées entre des êtres humains... et quelque chose,
dans des existences humaines, commence à changer ! Puissance du dialogue. Puissance de la parole, surtout quand
il s'agit, comme c'est le cas dans l'Évangile, de la Parole
de Dieu, du Verbe fait chair. Encore faut-il que la parole
soit entendue, et, pour cela, qu'elle atteigne l'homme là

où il est. Est-ce toujours le cas ? N'y a-t-il pas beaucoup de paroles perdues, sans effet, tout simplement parce qu'elles ne s'adressent... à personne ? Certains sermons, par ailleurs admirables par le style ou la doctrine, ne passent-ils pas, comme on dit, « au-dessus de la tête des gens » ? Certains conseils, fort judicieux en eux-mêmes, ne sont-ils pas souvent inopérants, du seul fait qu'ils méconnaissent la situation réelle de l'interlocuteur ? Certains encouragements ne tombent-ils pas à faux, parce qu'ils ignorent la réaction de ceux à qui ils sont généreusement prodigués ?

On pourrait sans peine allonger la liste. Qu'en est-il donc de nos dialogues : dialogues entre voisins, entre collègues, entre époux, entre parents et enfants, mais plus spécialement dialogues pastoraux ou dialogues qui jalonnent un accompagnement spirituel ? N'avons-nous pas à nous interroger ?

Comment se présentent ou se déroulent nos dialogues ? Dans quel type de relation prétendons-nous les situer ? Quelle est notre intention ? Qu'est-ce qui nous pousse à parler ou à écouter ? Dans quelles conditions ? A quelle fin ? Là comme ailleurs, ne méconnaissons-nous pas la présence de motifs moins avouables (curiosité mal placée, désir d'intervenir dans la vie d'autrui, recherche d'affection, etc.) ou de mobiles plus ou moins inconscients ? Autant de questions qu'il faut bien se poser, si on veut être honnête : l'efficacité de nos dialogues en dépend. Et c'est sur ce point précisément que le psychologue aura peut-être son mot à dire.

Rejoindre l'autre

Jésus, nous dit saint Jean, « n'avait nul besoin qu'on lui rendît témoignage au sujet de l'homme ; il *savait*, quant à lui, ce qu'il y a dans l'homme » (Jn 2,25). Nous n'en sommes pas là, pauvres humains que nous sommes : dans nos rencontres et nos dialogues, ni l'un ni l'autre des interlocuteurs ne sait exactement « ce qu'il y a dans l'homme » ! Chacun est, jusqu'à un certain point, ignorant, non seulement de ce qu'il peut y avoir dans l'esprit et le cœur de l'autre, mais aussi ce qu'il y a dans les siens : seul le Seigneur peut « scruter les reins et les cœurs ».

Il n'en est que plus remarquable que le Christ Jésus lui-même cherche sans cesse à « faire parler », à « amener au jour de la parole », les attentes et la foi de ses interlocuteurs : « Veux-tu être guéri ? Que demandes-tu ? Crois-tu ? » ou même : « Vous ne savez pas ce que vous demandez ! », etc. Tout se passe comme s'il avait besoin de cette expression du désir de l'autre pour pouvoir lui-même intervenir. Comment en irait-il autrement, s'il est vrai, comme l'affirme la foi, que Dieu vient rejoindre l'homme là où il est, là où il vit, dans ses peines, ses joies, ses désirs... et ne lui demande que de s'ouvrir à cette intervention ? Tout cela qui, dans le Christ, est divin, est d'une profonde vérité humaine. Les pasteurs, et tous ceux qui d'une manière ou de l'autre, souhaitent apporter à leur prochain une authentique aide spirituelle, ne devraient-ils pas s'inspirer de tels exemples ?

L'homme est un : toute aide spirituelle devra prendre en compte tout ce qu'il vit et ressent ; tout dialogue vrai devra partir de ses questions, de son désir, de sa demande, pour en révéler peu à peu les dimensions et l'amener éventuellement à autre chose.

« Le Bon Pasteur connaît ses brebis... Il les appelle chacune par son nom... Elles écoutent sa voix » (Jn 10). Tout est dit en ces quelques phrases. A la suite du Christ, quiconque assume, de quelque manière que ce soit, une fonction de pasteur, de guide, de conseiller, quiconque prétend accompagner et aider spirituellement les gens, doit avant tout savoir les rejoindre dans le réel de leur existence, les accueillir tels qu'ils sont (non tels qu'on les voudrait), croire que c'est là et là seulement que Dieu les appelle, toute autre voie étant, de ce fait, irréaliste et vouée à l'échec.

Rejoindre les soucis, les préoccupations, les attentes, de celui qui demande de l'aide et, pour cela, accueillir cette demande telle qu'elle se présente, même si elle semble, au premier abord, futile, déplacée, hors de propos, il n'est pas d'autre point de départ pour un dialogue fructueux et réaliste. Pour que, par la suite, puisse se laisser progressivement deviner, à travers tout cela, une autre demande, une demande de Dieu et de tout ce qui peut aider à aller vers Lui, un long cheminement sera parfois (souvent même) nécessaire, un cheminement marqué par des étapes, des avancées et des reculs, des périodes de stagnation et d'apparente immobilité. Du temps, là encore, sera nécessaire : il faut laisser mûrir les choses et ne rien précipiter.

La tentation, ici, est de vouloir aller trop vite. On s'empresse de répondre, de juger, de conseiller, de rassurer, ou, parfois, de condamner, de classer (un « cas » parmi d'autres), d'interroger anxieusement « pour savoir », etc. Tout cela avant même que l'interlocuteur ait pu seulement s'exprimer. Comment se sentirait-il accueilli et compris ? Chacun va à son pas, un pas lent ou rapide, auquel l'accompagnateur doit savoir s'adapter.

Le chemin, pourtant, doit mener quelque part : il n'est pas question de flâner, ni de se perdre en route. C'est là qu'il faudra se montrer vigilant, éviter les voies sans issue, trouver la bonne direction, relancer la marche en avant.

Que désirez-vous ?

« Que désirez-vous ? », demande la vendeuse à son client ou à sa cliente, qui hésite devant les rayons d'un grand magasin ! Que désire-t-on, en effet ? Il y a bien de quoi hésiter : il y a des choses dont on a absolument besoin, d'autres qu'on aimerait avoir... et ce ne sont pas forcément les mêmes ! Sait-on même ce qu'on désire au juste ?

« Vous ne savez pas ce que vous demandez », disait Jésus à ses apôtres qui souhaitaient siéger auprès de Lui dans le royaume (Mt 20,22). Celui qui demande sait-il toujours, en effet, ce qu'il demande ?

Toute demande, même si elle prétend, à tort ou à raison, se placer sur un plan spirituel, est une demande humaine, s'inscrit nécessairement dans une réalité humaine ; elle est toujours, comme le rappelait lui-même Jacques Lacan, *demande d'amour*, demande d'un certain bonheur, le bonheur d'être reconnu et aimé. C'est d'abord un appel à l'amour, à un amour personnel, authentique, vrai.

Comment pourrait-on jamais aider les autres sans d'abord les aimer ? Comment les aimer sans répondre, en quelque façon, à leur attente ? S'agit-il du « verre d'eau », dont parle l'Évangile et qu'il faut savoir offrir « à l'un de ces petits qui sont mes frères » ? S'agit-il d'un bien terrestre : souci familial ou professionnel, choix d'un poste... ou d'un conjoint, études à poursuivre ou à entreprendre ?... Rien de tout cela n'est négligeable, rien n'est sans importance, et il ne saurait être question de s'en désintéresser.

Pourtant c'est là aussi qu'il faut savoir discerner l'appel de Dieu : dans cette soif, soif de bonheur humain, de réussite, d'amour, ou tout simplement soif de vivre, il faut laisser surgir une autre soif, la soif de « l'eau vive », la soif de Dieu. S'il est vrai qu'il faut d'abord donner du pain à celui qui a faim avant de lui parler de Dieu, s'il est vrai qu'il y aurait hypocrisie à faire un sermon au lieu de nourrir celui qui est affamé, il est non moins vrai que « l'homme ne vit pas seulement de pain »... et qu'il est non moins nécessaire de l'aider à s'ouvrir à la parole de Dieu. Il pourrait y avoir une façon trop immédiate de répondre à une « soif d'amour et de bonheur » qui ne laisserait plus nulle place pour une autre soif et pour un autre appel.

Répondre à la soif de l'homme, au désir de l'homme, sans pour autant le combler superficiellement, tel est donc l'enjeu. Il requiert un souci permanent de clarification, de purification, de dégagement, en même temps que d'attention à l'autre, de sympathie profonde, d'amour authentique.

Ajoutons que le désir de celui ou de celle qui demande de l'aide rencontre le désir de celui ou de celle qui la propose et que la rencontre de ces deux désirs peut avoir, suivant les cas, des effets heureux ou néfastes. Car le conseiller (ou l'accompagnateur) désire lui aussi quelque chose, ne serait-ce que d'apporter son aide ou ses conseils. Il désire « le bien » de celui qu'il prétend aider. A cela, bien sûr, il n'y aurait rien à redire, si, du moins, ne se glissait parfois une certaine conception du « bien » en question qui ne correspond pas nécessairement au « bien » réel du consultant. Et une certaine volonté indiscrète d'efficacité à court terme risque quelquefois de tout bloquer et de tout compromettre. Un « directeur de conscience » — c'est à dessein que nous employons ici l'expression — qui voudrait « réussir » à tout prix, amener son « dirigé » ou sa « dirigée » à ce qui lui semble à lui le meilleur, abuserait incontestablement de la situation et ne devrait pas s'étonner si les résultats ne répondent pas à son attente. On ne saurait se mettre, en rigueur de termes, « à la place de l'autre » et décider pour lui.

Faire la lumière

Le terme, longtemps utilisé, de *direction* spirituelle pourrait induire en erreur : dans ses *Exercices spirituels*, Ignace recommande à celui qui donne les Exercices la plus extrême discrétion, dès lors qu'il s'agit d'une décision à prendre. Au retraitant, mû et éclairé par la grâce de Dieu, de se décider par lui-même : on ne peut décider pour lui, mais seulement l'aider à clarifier ses motivations, à laisser mûrir ses raisons de croire ou d'agir, à mieux percevoir les divers éléments du problème qui se pose à lui, à assumer de façon plus consciente et plus libre, sa responsabilité. « Aider les gens à s'aider eux-mêmes », la formule du psychologue Carl Rogers rejoindrait ici l'intuition ignatienne.

Le meilleur dialogue spirituel est celui qui, loin d'accentuer la dépendance du consultant par rapport au conseiller, favorise, au contraire, son autonomie, lui permet de devenir plus libre et plus responsable. Faute de quoi, se manifesteront, tôt ou tard, des réactions de défense, de refus, de révolte, à moins que ce ne soit une attitude de soumission passive, un manque total d'initiative personnelle..., pour le plus grand détriment de la vie spirituelle.

Pas plus qu'elle n'est un simple propos moralisateur, pas plus qu'elle n'est un simple rappel de la loi, la direction spirituelle n'a à devenir une quelconque manipulation psychologique ! Sous la forme volontairement brutale où nous l'exprimons ici, tous, sans doute, en conviendront. Mais il est des formes subtiles d'action psychologique, des

façons de suggérer... sans en avoir l'air, d'orienter les décisions... sous les meilleurs prétextes, d'imposer, en fait, une
direction : ne faut-il pas « obéir à son directeur de conscience » ?

L'accompagnateur spirituel ne peut oublier que son
rôle, comme celui de Jean-Baptiste, est seulement de
« préparer les voies du Seigneur », d'accompagner celui
qui marche sur la route où Dieu l'appelle. S'il est « l'ami
de l'Époux », il doit s'effacer devant « l'Époux qui
vient » (Jn 3,28-30) et « laisser la créature traiter directement avec son Créateur » (saint Ignace).

Accompagner, répétons-le, n'est pas diriger, c'est aider
à trouver le chemin, soutenir la marche, éventuellement
éclairer là où règne encore l'obscurité, indiquer parfois une
direction, mais rien de plus. Des erreurs pourront ainsi être
repérées et discrètement corrigées, des rectifications pourront s'opérer, des reprises amorcées après les chutes, mais
toujours d'un commun accord, en en appelant constamment à la libre décision du consultant.

Travail difficile, réclamant, de la part de l'accompagnateur un détachement, un oubli de lui-même, un souci permanent de rester à sa place, qui lui demandera un effort
toujours à renouveler : l'accompagnement spirituel est à
ce prix.

Des images et des rôles

Il n'est pas toujours facile à l'accompagnateur de s'effacer ainsi. Consciemment ou non, l'affectivité peut venir
perturber ce beau programme. La relation humaine sous-
jacente à l'accompagnement spirituel peut être à tout
moment trop... humaine ! Faute de repérer les facteurs
humains en jeu, ce qui se voulait au départ spirituel peut

se trouver dévié ou faussé. Les interlocuteurs n'ont plus l'un de l'autre qu'une image plus ou moins obscurcie ou déformée au gré des désirs ou des craintes : on n'est plus dans la vérité d'une relation authentiquement spirituelle. L'humain, ou plutôt le trop humain, tend à tout envahir ; la vie spirituelle stagnera ou s'étiolera.

Que se passe-t-il au juste ? Chacun des interlocuteurs donne à l'autre une certaine image de lui-même, l'image qu'il se fait de lui-même et de son rôle. Car il s'agit bien d'un rôle, d'un personnage qu'on incarne... inconsciemment bien sûr. On peut parler ici d'un « jeu de rôles », d'une scène à deux personnages, en fonction de réactions plus ou moins incontrôlées, liées au tempérament, à l'histoire passée, à l'éducation, au milieu de vie... Chacun réagit en fonction de ce qu'il croit percevoir de l'autre... et de ce qu'il croit que l'autre voit en lui.

Une large part de ces réactions est d'ordre inconscient et renvoie à des modes de réaction infantiles : besoin de sécurité, de protection, d'affection, désir d'être accepté, peur de perdre l'estime de soi, mais aussi crainte des affrontements, sentiments de culpabilité, anxiété, agressivité, etc. La psychanalyse parlera à ce sujet de *transfert*, de *relations transférentielles* : leur caractéristique, outre le fait qu'elles évoquent les premières relations infantiles, est que ces modes de relation ne sont pas (ou pas facilement) reconnus comme tels.

On se laisse aisément prendre au piège. Les rôles peuvent être divers et les personnages variés : le directeur sera, suivant les cas, le « représentant de l'autorité », le garant de la morale, le juge ou le procureur, le « père » dont on attend tout (secours, interventions, affection), un père qui a parfois les traits d'une mère (consolatrice ou autoritaire), un « magicien » qui, par des gestes et des rites (sacrements, sacramentaux, bénédictions...), distribue les faveurs divines et assure le salut (s'il s'agit d'un prêtre), etc.

La dimension sexuelle n'est pas non plus à négliger et les sentiments amoureux ont quelquefois leur rôle à jouer, sentiments amoureux (entre homme et femme, mais pas seulement) qui se camouflent souvent sous le couvert d'une idéalisation réciproque, qui masque tout ce qu'il y a d'équivoque dans la relation ! Dès lors, quelles que soient les (bonnes) intentions, les dés sont pipés et l'accompagnement cesse d'être vraiment spirituel.

Les exemples, hélas, ne sont pas rares de telles situations fausses, d'autant plus fausses qu'elles sont moins conscientes. Tout le problème est, précisément, d'en prendre conscience. C'est d'autant plus difficile que de vieilles habitudes ont été prises, que des attitudes se sont peu à peu fixées, que des postes ou des fonctions ont été, souvent officiellement, dévolus ou approuvés. Pensons à ces hommes ou à ces femmes qui consacrent leur vie à telle ou telle catégorie de gens : ils ne peuvent s'occuper *que* de vieillards, ou *que* de jeunes, ou *que* d'enfants, de malheureux, etc. Tel sera spécialisé dans le « spirituel pur », tel autre, dans un engagement professionnel... Indispensable spécialisation, dira-t-on ! Et c'est vrai : on ne saurait tout faire. Il faut donc se limiter ; rien de plus raisonnable. Mais le danger commence, quand on perd conscience de ses limites, quand les rôles et les personnages sont à ce point fixés qu'on ne s'en rend même plus compte. Une trop grande spécialisation, si légitime soit-elle, peut rendre aveugle à d'autres secteurs de l'existence ; et ce n'est pas parce que tel prêtre, telle religieuse, tel laïc, « réussit bien auprès des jeunes » qu'il sera, du même coup, apte à accompagner spirituellement des gens plus âgés (l'inverse étant également vrai, bien entendu). A situations différentes, rôles différents. Il faut avoir l'honnêteté de le reconnaître et ne pas vouloir jouer tous les rôles à la fois.

Des traits de caractère, parfois discrets, parfois très apparents, montreront bien où le bât blesse. Tel conseiller fera preuve, sous prétexte de discrétion, d'une grande sécheresse dans sa manière d'accueillir ; il se voudra froid, impassible, distant... Il sera en fait incapable de toute sympathie, de toute participation affective. Tel autre, à l'inverse, se montrera avide de confidences, indiscret dans ses interventions, trop engagé affectivement, etc. Ni l'un ni l'autre ne trouveront le ton juste.

Au-delà des inévitables spécialisations et des différences de tempérament, n'existe-t-il pas quelque part des blocages psychologiques, des déséquilibres affectifs, des difficultés caractérielles, qui rendent inaptes à certains types de relation ? Et n'est-il pas nécessaire d'en tenir compte, quand il s'agit d'accompagnement spirituel ?

Rester lucide

Rôles préférentiels, attitudes affectivement perturbées, réactions excessives ou inadaptées, rendront, c'est bien clair, très difficile l'établissement d'une relation juste et donc un accompagnement vraiment spirituel. La bonne volonté n'est pas en cause, ni l'intention charitable, mais ni l'une ni l'autre ne suffisent, si fait défaut la lucidité. L'Évangile rappelle ce qu'il advient quand un aveugle se mêle de guider un autre aveugle : c'est la chute pour l'un et l'autre (Mt 15,14).

Mais une telle lucidité est d'autant plus difficile à acquérir et à garder qu'une grande partie des réactions demeure inconsciente, ou prend sa source dans l'inconscient. Nous évoquions plus haut le *transfert* : il désigne, dans le langage psychanalytique, un processus par lequel des désirs inconscients s'actualisent dans le cadre d'un certain type de relation ; or il s'agit précisément de désirs *inconscients*, d'origine infantile. Et chacun sait, même sans être analyste, combien de tels désirs peuvent se déguiser !

Si encore il ne s'agissait que du consultant ! Mais, au transfert, le conseiller peut toujours répondre, non moins inconsciemment, par un *contre-transfert*. Comment, dès lors, rester lucide sur soi-même ? La chose est pourtant de la première importance : la liberté d'action du conseiller pourrait, autrement, se trouver gravement compromise. Inutile de dire que sa direction spirituelle ne le serait pas moins.

Une sérieuse formation, pas seulement théorique, est donc indispensable, pour qu'un équilibre psychique soit maintenu sans que viennent interférer des réactions indésirables. Cette formation doit d'ailleurs être permanente : il faut toujours « veiller ».

Plus le prêtre (et, plus généralement, le conseiller ou l'accompagnateur) sera émotivement adulte, plus grande sera sa sécurité personnelle en dehors de tout succès personnel, et plus il sera capable de reconnaître et d'accepter pour les dépasser les variations de rôle qu'on projette sur lui [1].

Reconnaître, accepter, dépasser : tout est là ! Reconnaître lucidement et humblement, accepter sans angoisse, sans panique, mais aussi dépasser sans se laisser prendre au piège, tout cela requiert, évidemment, que soit écartée fermement toute « affection désordonnée », que le cœur et l'esprit soient libérés, que le regard soit clair et serein : tout un programme pour lequel l'ascèse spirituelle ne saurait se passer d'un éclairage psychologique. Une *supervision*, de quelque nature qu'elle soit, sera, la plupart du temps, nécessaire : on ne peut être, dans son propre cas, juge et

---

1. André Godin, *La relation humaine dans le dialogue pastoral*, Desclée de Brouwer, 1963, p. 85.

partie. Le regard d'autrui, la parole d'autrui, l'écoute d'autrui, sont une aide presque toujours indispensable. Les formes peuvent en être diverses : l'important est que cette aide soit éclairée, que le « superviseur » soit compétent et libre d'intervenir, avec discrétion, certes, mais aussi avec fermeté, chaque fois que cela semblera utile ou nécessaire.

Des situations difficiles

Reste que des situations peuvent se présenter dans lesquelles un observateur averti discernera sans peine des signes de réactions liées au transfert : ténacité de certaines attitudes, malgré les explications, les mises au point, les refus, maintien obstiné de certaines positions malgré toutes les remontrances, résistance au dévoilement, refus de s'ouvrir franchement, ambivalence affective, mélange inextricable de crainte et de confiance, d'affection et d'agressivité, d'orgueil et d'humilité, impression d'inauthenticité dans la relation, etc.

Plusieurs cas sont possibles. Si les deux interlocuteurs sont *l'un et l'autre inconscients* de la situation, on peut être sûr que, même si, au plan surnaturel, les « mérites » peuvent être grands (qui peut juger ?), les inconvénients psychologiques constitueront un lourd tribut à payer : perte de temps, accaparement affectif, parfois tentations d'ordre sexuel, stagnation, usure, et, partant, absence de progrès spirituel, si même il n'y a pas recul et détérioration.

Mais d'autres hypothèses peuvent être envisagées. Il arrive, par exemple, que le « dirigé » se rende compte que quelque chose ne va pas dans la relation, soit que se manifeste, de sa part, une attitude ambiguë (attachement excessif, trop grande dépendance, gêne pour s'exprimer, agressivité...), soit que le « directeur » lui-même, en s'écartant de son rôle, crée une situation plus ou moins fausse, ... sans arriver, de son côté, à en prendre conscience. Les rôles se trouvent alors paradoxalement inversés. Ce serait au directeur à se laisser éclairer ! Il pourra l'être, éventuellement, par quelques remarques discrètes ou, de façon plus rude, en voyant s'éloigner de lui ceux qu'il « dirigeait ». A lui, alors, de reconnaître qu'il avait manqué de prudence ou de clairvoyance et d'accepter la leçon... en s'effaçant, si besoin est. Décision douloureuse, parfois, mais qui peut être salutaire.

Si c'est le conseiller qui prend conscience d'une situation dont son interlocuteur ne se rend pas compte, c'est évidemment à lui de faire la lumière. Mais il se heurtera à une sérieuse difficulté. Dans la mesure même où il y a *transfert*, au sens défini plus haut, il y a inconscience et une inconscience dont il n'est pas aisé de sortir. L'inconscient est, par définition, inconscient. Que faire alors ? Faut-il rompre les relations, au risque de n'être pas compris ? Mais cela ne va-t-il pas entraîner d'autres inconvénients tout aussi graves ? Même si elles peuvent parfois s'imposer, les solutions radicales ne sont pas toujours les meilleures... D'ailleurs, reste le problème de l'intéressé(e). Qu'en sera-t-il de son avenir ? On peut, bien sûr, penser au psychologue et envisager soit une psychothérapie, soit une consultation. Ce peut être, en effet, souhaitable. Mais le conseiller spirituel, dans ce cas, devra peser ses mots et présenter la chose avec toute la discrétion convenable. Il n'a pas à se substituer à celui (ou celle) qu'il conseille, doit lui laisser toute liberté, éviter tout ce qui pourrait le brusquer ou lui donner l'impression « qu'on le laisse tomber ». A plus forte raison n'a-t-il, en aucun cas, à jouer au psychanalyste et à se lancer dans des interprétations : une telle « psychanalyse sauvage », pour reprendre un mot de Freud, serait, à coup sûr, désastreuse.

Homme et femme

Tout ce que nous décrivons dans ces pages reste forcément très schématique : la réalité est autrement nuancée. Mais il est un type d'accompagnement qu'il est impossible de passer sous silence, tellement il est fréquent : c'est celui qui met en présence un homme (souvent prêtre) et une femme. Il est vrai que, de nos jours, l'accompagnateur cède (souvent) la place à l'accompagnatrice, et que certaines femmes (religieuses ou laïques), dûment formées, s'acquittent fort bien de cette fonction. Il n'en demeure pas moins que la relation d'accompagnement met fréquemment en présence des êtres de sexe différent. Une telle situation pose-t-elle des problèmes particuliers ? Oui et non. Tout ce que nous rappelions dans les pages précédentes vaut éminemment de la relation homme-femme : en ce sens-là, il n'y aurait rien à ajouter. Mais il est bien vrai que la rencontre d'un homme et d'une femme, surtout si elle amène à des confidences, comme il est normal dans l'accompagnement spirituel, aura une signification particulière. Impossible de gommer ou d'ignorer la différence sexuelle.

Vigilance, délicatesse, attention à l'autre, seront ici plus que jamais nécessaires : psychologie masculine et psychologie féminine sont, on le sait (mais on l'oublie parfois), bien différentes ! Il faut en tenir compte sans se laisser obnubiler. Et si les nuances d'une psychologie masculine sont diverses, que dire d'une psychologie féminine ? Suivant qu'il s'agit d'une femme mariée, d'une veuve, d'une divorcée, d'une célibataire, d'une jeune ou d'une moins jeune, d'une existence comblée (au moins en apparence) ou d'une vie douloureuse, etc., la situation pourra changer du tout au tout.

La demande affective, souvent présente sous des masques divers, devra être prise en considération ; la terminologie utilisée peut être ici fluctuante : « fille » et « père », « frère » et « sœur », voire « maître » (« gourou ») et « disciple », etc. Quelque chose se dit à travers toutes ces expressions : elles indiquent des chemins divers et des étapes différentes. Mais, d'une façon ou de l'autre, demeure sous-jacente la relation fondamentale homme-femme. C'est elle qu'il faut savoir gérer avec prudence et souplesse.

Là comme ailleurs, il y a toute une évolution à favoriser, sans brusquer les choses, mais en dépassant, non pas seulement ce qu'il pourrait y avoir de sensualité, mais aussi et surtout ce qui pourrait rester d'une affectivité infantile, possessive, captatrice, pour accéder, ici encore, à des attitudes libres qui, sans ignorer ni méconnaître la réalité sexuelle, sans en avoir peur ni se laisser piéger par elle, se situent désormais sur un plan authentiquement spirituel. Hommes et femmes, oui, mais frères et sœurs dans le Christ : tel est du moins l'idéal à viser... sans irréalisme [2]. C'est possible, avec la grâce de Dieu.

Savoir gérer une situation

Restent les cas difficiles que nous évoquions plus haut. Que faire alors ? Faut-il désespérer, baisser les bras, renoncer ? Faut-il, à l'inverse, laisser les choses suivre leur cours ? Il y a probablement mieux à faire ! Redresser une

---

2. On pourra consulter sur ce point les excellentes pages du P. Yves Raguin, « Maître spirituel à la manière du Christ », dans *Le Maître spirituel*, « Foi vivante », Cerf, 1980, p. 119-135 ; ou, du même auteur, *Célibat pour notre temps*, Supplément à *Vie chrétienne* n° 151 (1972). Voir aussi dans une perspective plus monastique : Paul Aymard, *Femme, toi, ma sœur*, Nouvelle cité, 1976.

situation n'est jamais chose aisée, mais on ne saurait se dérober devant la tâche. Il y faudra de la patience et du doigté.

Le premier objectif sera sans doute de réduire autant que possible les aspects transférentiels de la relation. Rythme des rencontres, durée des entretiens, cadre dans lequel ils se déroulent, gratifications affectives indues, etc., devront être plus strictement contrôlées. Une certaine discrétion, une certaine austérité dans la relation, devront être peu à peu exigées et acceptées.

Il faudra, d'autre part, avec (grande) prudence, susciter une prise de conscience qui amènera la personne à distinguer progressivement l'authentique de l'inauthentique, ce qui, dans la relation, reste encore trop humain (au mauvais sens du mot) et ce qui est vraiment d'ordre spirituel, ce qui se mêle d'affectivité (trop) humaine dans le rapport au conseiller... et à Dieu. Là aussi, il faut distinguer : le conseiller n'est pas Dieu ; les réactions affectives dont il est éventuellement l'objet, ne doivent ni masquer, ni gêner, ni empêcher, un authentique mouvement vers Dieu.

Un tel discernement sera toujours à faire et à refaire. En tout dialogue humain, le transfert est toujours présent. Faut-il aller jusqu'à dire qu'il peut même, à certaines conditions, prendre une valeur positive ? Après tout, l'affectivité humaine n'a pas à être totalement exclue de la relation spirituelle. Chaque personne y vient, disions-nous, avec son histoire, son passé, ses « complexes », ses problèmes. Du temps et des étapes seront nécessaires ; il ne faudra pas s'étonner si l'accueil du conseiller, de l'accompagnateur, prend à certains moments du parcours, une allure plus ou moins « paternelle » (voire « maternelle » ?) ou « fraternelle ». Encore faut-il que ce soit de façon consciente et dans un mouvement pour aller de l'avant. Franchir des étapes n'est nullement synonyme de s'installer paresseusement dans des situations équivoques. Accepter les gens comme ils sont, les aider dans leurs difficultés, les soutenir dans les mauvais moments, ne signifie pas qu'on les laisse s'endormir au bord de la route. Avancer, c'est toujours se détacher, renoncer à rester sur place : sans un continuel détachement, de la part du conseiller, mais aussi, peu à peu, de la part de ceux qui ont recours à lui, rien de vrai ne pourra se faire.

Des aspects de la relation seront (ainsi) dévoilés comme inauthentiques tant qu'ils constituent des *fixations* de la relation au prêtre (ou à l'accompagnateur). Par un mouvement progressif, où se combinent un travail d'éclaircissement intellectuel et de réapprentissage affectif, le prêtre (ou le conseiller) restaure sa fonction de médiateur. Le transfert, obstacle apparent, devient un moyen et un révélateur... Le « signe voilé » se transforme en « voile significatif [3] ».

Tel serait, du moins, l'idéal, un idéal jamais totalement réalisé, mais constamment visé, si, du moins, on veut être honnête. Mais prudence et lucidité, toujours nécessaires, sont ici, plus que jamais, indispensables. Et l'aide d'autrui (conseiller ou superviseur) ne sera pas de trop.

---

3. André Godin, *La relation humaine dans le dialogue pastoral, op. cit.*, p. 117.

Conclusion

Faut-il conclure ? Une étude comme la nôtre comporte-t-elle, à vrai dire, une conclusion ? Conclure, ce serait refermer ce qui a pu s'ouvrir, clore un débat... qui n'est jamais fini. Ce serait enfermer dans l'ordre du savoir ce qui ne peut que renvoyer à une expérience, l'expérience même de la vie spirituelle (et de la vie tout court !). Un savoir, si important qu'il soit, ne remplacera jamais une vie ! Il doit, au long des jours (et des nuits), se transformer peu à peu en savoir-faire et en savoir-vivre : et cela ne s'apprend pas dans les livres : il y faut... l'expérience.

« La critique des illusions, rappelons-nous, n'a jamais ni le premier ni le dernier mot. » Non qu'elle soit inutile : elle nous paraît, au contraire, indispensable. La suite de nos chapitres l'aura montré, pensons-nous, suffisamment.

Comment, en effet, ne pas s'interroger en un domaine où tant d'illusions sont possibles ? Qu'est-ce que cette rencontre de Dieu, cette expérience de l'Esprit, ce sens du sacré, auxquels, de plusieurs côtés, on ne cesse d'en appeler ? Où est le « vrai » Dieu, où est Jésus-Christ, en tout cela ? Quelle réalité pouvons-nous atteindre dans notre prière et que pouvons-nous en attendre ? Pourquoi se sentir coupable et d'où vient cet obscur malaise quand on nous parle de péché ? Quelle guérison pouvons-nous espérer de ce Dieu que nous déclarons Sauveur ? Quelle perfection devons-nous viser ? Quelle part de narcissisme renferme-t-elle ? Quel type de renoncement implique-t-elle ? Le chrétien doit-il être obligatoirement un être équilibré ? Quels sont les facteurs humains en jeu dans un accompagnement spirituel ? etc. Qui oserait dire qu'en tout cela les sciences humaines et, notamment, la psychologie, n'ont rien à dire ? Notre démarche s'est voulue délibérément critique. Critique, non pas destructrice. Critique, afin de dénoncer les pièges possibles et permettre ainsi, dans une certaine mesure, de les éviter.

Mais que serait la critique d'une œuvre d'art s'il n'y avait pas d'œuvre d'art ? Que serait une psychologie de la religion, s'il n'y avait pas de religion ? Mieux, que serait-elle, cette psychologie, si elle niait ce qu'elle prétend étudier ? La religion est là, la vie spirituelle existe : d'innombrables témoignages en font foi. C'est cette réalité-là, la réalité de la vie spirituelle, celle de nos rapports avec le Dieu de la foi, le Dieu de Jésus-Christ, dont nous tentons d'étudier les dimensions humaines. Notre propos serait parfaitement vain, s'il ne s'adressait à des croyants, à des hommes et à des femmes pour qui la « vie dans l'Esprit » est précisément une réalité.

Une vie dans l'Esprit, selon l'Esprit, animée par l'Esprit, c'est bien ainsi que le chrétien comprend la vie spirituelle ! Et il est bien vrai que « le vent souffle où il veut », que Dieu est souverainement libre dans son agir, que « là où est l'Esprit du Seigneur, là est la liberté » (2 Co 3,17).

Reste que cette liberté des enfants de Dieu, si elle est un don, une grâce, est aussi vécue dans des existences d'hommes et de femmes, qu'elle suppose une totale

disponibilité aux inspirations divines, qu'elle ne se réalise
que chez des êtres qui se sont dégagés non seulement du
péché, mais de tout ce qui pourrait faire obstacle à l'action
divine. « Chercher et trouver la volonté divine, selon le
mot de saint Ignace, requiert qu'ait été écartée toute affection désordonnée. » Cela ne va jamais sans lutte, sans
combat, sans prise en compte de tout ce qui, dans le sujet
humain, risque de freiner ou de gêner les libres décisions.

C'est justement là qu'intervient la psychologie humaine,
non pas comme un système scientifique plus ou moins pla-
qué sur l'expérience spirituelle, non pas même comme
théorie, à plus forte raison comme théorie réductrice qui
ramènerait tout à de l'humain (trop humain, dirait Nietzs-
che), mais comme pratique, comme art, pourrait-on dire.
Le « connais-toi toi-même » de l'oracle grec implique, en
fait, une difficile et onéreuse prise de conscience. Il n'est
jamais facile, et on n'a jamais fini, de faire en soi et sur
soi la lumière. L'être humain, l'âme humaine, le cœur
humain, sont si complexes, et, pour une part, si difficiles à pénétrer. L'homme est si obscur à lui-même. N'est-
il pas bien souvent inconscient de ce qui fait le ressort de
ses propres actes, des attitudes en apparence les plus raisonnables ? « Ils ne savent pas ce qu'ils font » : le mot de
Jésus en croix n'est-il pas souvent applicable à bon nombre de nos actions ?

Une vie spirituelle authentique, dans ces conditions, ne
saurait se développer sans déjouer les illusions, sans qu'on
puisse cesser de se battre pour une lucidité toujours plus
grande, pour une véritable liberté intérieure, pour une
continuelle ouverture aux appels de l'Autre, des autres et
de Dieu.

La psychologie n'a certes pas à dicter sa conduite à
l'Esprit de Dieu. Elle peut seulement, modestement et à
son niveau, aider l'homme à se rendre toujours dispo-

nible et plus libre... ce qui, reconnaissons-le, n'est pas rien.

« La vérité fera de vous des hommes libres ! » (Jn 8,32). Ce mot de Jésus est tout un programme. Encore faut-il le réaliser, dans toute la mesure du possible et avec tous les moyens dont on dispose. Alors seulement se vérifiera cet autre mot du Seigneur :

« Celui qui fait la vérité vient à la lumière, pour qu'il soit manifeste que ses œuvres sont faites en Dieu » (Jn 3,21).

> *Et, lorsque viendra l'Esprit de vérité,*
> *Il vous fera accéder à la vérité tout entière !*
> **(Jn 16,13)**

Quelques références bibliographiques

Outre les références données en bas de pages tout au long de notre travail, les ouvrages qui nous semblent les plus significatifs pour notre propos et qui peuvent aider le lecteur à prolonger son propre travail de réflexion nous paraissent être les suivants :

André GODIN, *Psychologie des expériences religieuses, Le désir et la réalité*, collection « Champs nouveaux », 2ᵉ éd., Le Centurion, 1986.

Antoine VERGOTE, *Dette et désir, Deux axes chrétiens et la dérive pathologique*, Seuil, 1978.

Antoine VERGOTE, *Religion, foi, incroyance, Une étude psychologique*, Mardaga, Bruxelles, 1983.

Plus ancien, mais toujours intéressant,

Denis VASSE, *Le temps du désir*, Seuil, 1969.

Un petit livre fort suggestif (et bien fait) :

Émile GRANGER, *Le croyant à l'épreuve de la psychanalyse*, « Dossiers libres », Cerf, 1980.

Sur la relation pastorale et la direction spirituelle :

André GODIN, *La relation humaine dans le dialogue pastoral*, Desclée de Brouwer, 1963 (ancien, mais toujours d'actualité).

La relation pastorale (collectif), Association catholique internationale d'études médico-psychologiques, collection « Cogitatio fidei », Cerf, 1968 (ensemble d'interventions assez techniques, mais qui donnent à réfléchir).

Plus récent :

William A. BARRY et W.J. CONNOLLY, *La pratique de la direction spirituelle*, traduit de l'américain par Gérard Quatrefages, collection « Christus » n° 66, Desclée de Brouwer, 1988.

On pourra se référer également aux articles du *Dictionnaire de spiritualité* (éd. Beauchesne) : « Culpabilité » (Ch. Baudouin et L. Beirnaert), « Direction spirituelle et psychologie » (J. Mac Avoy), et notre propre article « Psychisme et vie spirituelle » (1986).

Table des matières

DANS LA MÊME COLLECTION

Achevé d'imprimer le 31 juillet 1991
dans les ateliers de Normandie Roto s.a. à Lonrai (61250)
pour le compte des éditions Desclée de Brouwer.
N° d'imprimeur : R1-0684 — Dépôt légal : août 1991

Imprimé en France